Jürgen Schwarz

Thomas kommt

Jürgen Schwarz

Thomas kommt

Ein außergewöhnlicher Tag

Fromm Verlag

Imprint

Cover image: www.ingimage.com

Publisher:
Fromm Verlag
is a trademark of
International Book Market Service Ltd., member of OmniScriptum Publishing Group
17 Meldrum Street, Beau Bassin 71504, Mauritius

Printed at: see last page
ISBN: 978-620-2-44193-3

Thomas kommt

Ein außergewöhnlicher Tag

Jürgen Schwarz

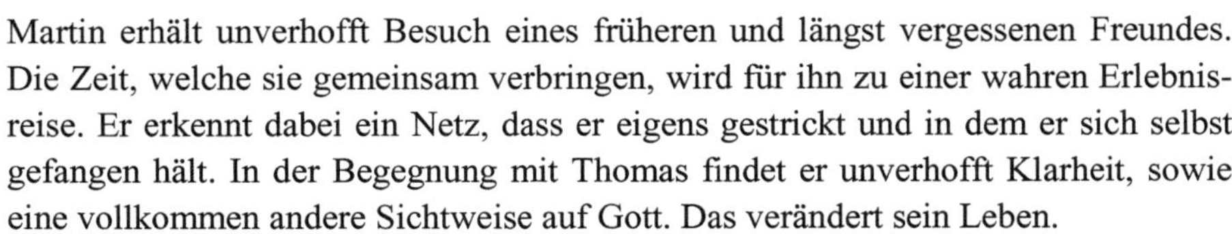

Martin erhält unverhofft Besuch eines früheren und längst vergessenen Freundes. Die Zeit, welche sie gemeinsam verbringen, wird für ihn zu einer wahren Erlebnisreise. Er erkennt dabei ein Netz, dass er eigens gestrickt und in dem er sich selbst gefangen hält. In der Begegnung mit Thomas findet er unverhofft Klarheit, sowie eine vollkommen andere Sichtweise auf Gott. Das verändert sein Leben.

(Bibelstellen aus Schlachter Übersetzung von 1978)

Inhalt

Am Fenster

Ich bin Martin, Ehemann von Anne, der wohl liebenswertesten Person die ich je kennengelernt habe und stolzer Vater von Mark und Robin, unseren beiden Söhnen im besten Teenie-Alter. Als Projektverantwortlicher eines Konzerns leite ich maßgeblich die Firmenentwicklung bei der Einführung neuer Produkte. Somit bin ich, seit meiner Ausbildung vor 17 Jahren, einige Sprossen der Erfolgsleiter hinauf gestiegen und im Betrieb macht mir so schnell niemand mehr etwas vor. Ich bin längst über den Punkt der Kritikfähigkeit hinausgewachsen, da ist auch niemand der das kann. Das sage ich nicht ohne einen gewissen Stolz, denn ich habe sehr hart dafür gearbeitet, das zu sein was ich heute bin.

Unser Glaubensleben ist so, wie wohl bei den meisten Christen auch: Wir gehen sonntags in die Kirche, unsere Kinder engagieren sich im KIDS Club und ab und an besuchen wir auch eine von der Gemeinde organisierte Veranstaltung. Der Glaube an eine höhere Macht ist ein fester Bestandteil in unserem Leben.

Das schließt die Ablehnung der Evolutionslehre sowie das Annehmen des Sühneopfers von Jesus Christus mit ein. Auch wenn wir nicht auf alle Fragen eine Antwort haben, so glauben wir doch an diese göttliche Macht, vor der wir früher oder später (mein kürzlich verstorbener Onkel leider zu früh) stehen und uns rechtfertigen würden.

Ob ganz bewusst oder unbewusst entscheiden sich die wesentlichen Dinge unseres Lebens oft in wenigen Augenblicken oder Stunden. Heute schien genau so ein Tag zu sein...

Die Nacht war unruhig und ich hatte wirklich schlecht geschlafen. Normalerweise ist das nicht so. Ich schlafe wie ein Stein, vor allem wenn ich so überarbeitet bin wie zurzeit. Doch in dieser Nacht war alles anders. Meine Träume über unzählig erlebte Dinge hielten mich dieses Mal von einem wohltuenden Tiefschlaf ab.

Wir alle verarbeiten im Traum, das war mir schon klar, doch das es so heftig und unkoordiniert sein musste war selten. Schweißgebadet wachte ich auf und musste mich erst einmal selbst koordinieren.

Ich war in meinem Bett, rechts von mir lag niemand und im ganzen Haus war es still. Von draußen schien ein Rest Mondlicht in mein Zimmer, also war es noch Nacht und ich allein zu Hause. Anne ist mit den Kindern übers Wochenende zu ihren Eltern gefahren, um etwas Abstand zu bekommen, fiel mir plötzlich wieder ein.

Ja, die letzten Wochen waren anstrengend. Je mehr ich mich in meiner Arbeit vergrub, umso kühler schien unsere Beziehung zu werden. Die Gespräche wurden kürzer und das Gesagte flacher. Da war irgendwann einfach keine Energie zu tiefgreifenden Gesprächen oder schwerwiegenden familiären Angelegenheiten mehr übrig. Anne hielt das alles von mir fern. Sicher spürte sie, wie sehr ich zurzeit unter Druck stand. Doch das sie nun einfach ohne mich weg fuhr, gab mir schon zu denken. Ich dachte immer, dass wir eine gute Beziehung hätten und uns über die Rollenverteilung im Klaren waren.

Mein Part war es (mit allem was dazu gehört), das Geld heim zu bringen und ihr Part unser „Heim“ und die Kinder. Nach einem zehn bis zwölf Stunden Tag war das ja auch normal. Im Laufe der Zeit hat sich diese Rollenverteilung so eingespielt und wurde bisher offensichtlich von uns beiden für gut befunden. Doch in letzter Zeit spürte ich, dass es nicht mehr so ganz klar und gut war wie einst. Nicht nur, dass mir öfter die Zeit für die Familie fehlte, es war mehr meine innere Unruhe, die mich zu neuen Überlegungen brachte.

Seit ich Anne kenne, hatte ich einen Blick für sie gehabt. Wenn ich sie ansah, erkannte ich in ihren meist strahlenden Augen sofort ihren Gemütszustand. Ähnlich war es bei unseren Kindern, Mark und Robin. Ein Blick genügte und ich sah was sie wollten oder hassten, meist noch bevor sie es sagten. Richtige Väter sehen so etwas.

Allerdings bemerkte ich in der letzten Zeit immer weniger, was sie tatsächlich bewegte. Es war, als ob ich durch sie hindurch blickte. Auch bei Anne erkannte ich immer seltener eine Gemütsregung. Zuerst machte ich mir nichts daraus. Je mehr Stress, desto stärker blendet man Unwesentliches aus, um sich auf das Wesentliche konzentrieren zu können, war meine Antwort darauf. Und manchmal, da kommt die Familie eben auch zu kurz. Wenn das eine bestimmte Zeit überdauert, ist das alles auch nicht so schlimm. Doch das war es nicht. Wir gingen schon durch einige schwierige Zeiten gemeinsam hindurch und hatten lernen müssen, mit der uns zur Verfügung stehenden Zeit umzugehen und in stressigen Zeiten eben mal zurück zu stecken.

Doch die letzten Wochen waren anders. Ich sah nichts mehr in den Augen meiner Frau. Auch die Wünsche der Kinder nahm ich nicht mehr wahr und konnte sie somit weder ignorieren geschweige denn erfüllen. Ich spürte eine enorme Ichzentriertheit in mir, die sich auf die ganze Familie auszuwirken schien.

Vielleicht war das der Grund, warum Anne so kurzentschlossen ging. Ihre letzten Worte: „ich wünsche Dir nicht nur Zeit zum Arbeiten, sondern vor allem Zeit, Dir über die wesentlichen Dinge in Deinem und unserem Leben Gedanken zu machen“, klingen noch deutlich in meinen Ohren. Sie war schon immer die „Feinfühligere“ von uns beiden. Unsere Beziehung war leider längst mehr nebeneinander als miteinander. Für mich war das ein Stück weit normal, es gibt eben solche und solche Zeiten, war meine Erklärung. Dass etwas Grundlegendes nicht stimmte, erkannte ich bislang noch nicht. Nur die Augen meiner Kinder, in denen dieser Ausdruck, der mein Herz zu berühren vermag fehlte, den vermisste ich schon. Äußerlichkeiten wie, welche Noten sie schrieben oder mit wem sie sich wieder mal anlegten, waren mir wichtiger als ihr Gefühlsleben. Überhaupt hatte ich hierfür nur wenig Raum übrig. Die Zeiten, in denen wir nur spaßeshalber herumtollten, waren auch schon lange her.

Im Büro hatte ich dieses neue Projekt übernommen, das sich langsam aber sicher immer weiter ausdehnte und irgendwann zur ersten Sache in meinem Leben wurde. Fast unbemerkt richtete ich meine Gedanken und Aufmerksamkeit nur noch darauf. Fehler zu machen lag mir nicht. Ich war ein Perfektionist und das erwartete ich auch von allen anderen. Vor allem im Geschäftsleben war mir das überaus wichtig, denn da ging es um Zeit und somit immer auch um Geld. Vieles kostet Geld, Zeit kostet Geld, Luxus kostet Geld, Geschwindigkeit kostet Geld. Gut, wenn man gelernt hatte damit umzugehen. Dass mir dabei Lebenszeit mit meiner Familie verloren ging, habe ich seither für eine zeitliche und akzeptable Einschränkung angesehen.

Doch nun musste ich feststellen, dass ich allein und mit Schweißperlen auf der Stirn, aufwachte und meine Frau und die Kinder bereits vermisste, obwohl sie erst ein paar Stunden fort waren. Die Traumfetzen der letzten Nacht noch vor Augen, tastete ich mich zum Fenster um es zu öffnen. Frische Luft würde mir gut tun und hoffentlich so machen bösen Gedanken einfach wegblasen. Zwischen Bett und Kommode fand ich einen Weg und tastete mich halbblind zum Fenster, das ich erwartungsvoll aufriss. Die kalte Luft der dunklen Nacht strömte mit einem Schlag durch das ganze Zimmer. Mich fröstelte sofort und ich wagte kaum, einen tiefen Atemzug zu machen, konnte es aber auch nicht lassen. So saugte ich mit voller Kraft die Nachtluft ein und spürte umgehend etwas Sonderbares.

Es war kalt und ich stand nur mit meinem Shirt und Shorts am Fenster, doch das war es nicht, was mich augenblicklich still halten ließ. Der Atemzug, den ich nahm, fühlte sich irgendwie schal an. Die erwartete Frische in meiner Lunge blieb aus und ich schmeckte etwas wie vermoderte Luft in mir.

Ich schaute mich um, erkannte jedoch keinen Brand oder etwas Ungewöhnliches, das eine Erklärung dafür sein könnte. Beim zweiten Zug, ich war nun etwas vorsichtiger, verstärkte sich der Geschmack in meinem Mund bis tief in die Lungen. Der modrige und fast schon faulige Geruch wurde nun zu einem intensiven ekeligen Geschmack. Ich blickte an mir herunter, konnte aber nichts weiter erkennen, was nicht in Ordnung gewesen wäre. Sofort kamen mir Traumteile der vergangenen Nacht in den Sinn, ohne sie genau fassen zu können.

Es ging auf jeden Fall darum, etwas zu verlieren. Irgendwelche Stärkeren wollten mir wegnehmen oder verletzen was ich hatte. Meine Frau, die Kinder oder was auch immer. Solche Träume hatte ich in der letzten Zeit öfter gehabt. Sie waren im Grunde alle auf Kampf ausgerichtet. Gewinner gab es nicht, denn ich wachte meist vor einem Showdown auf. Manchmal erinnerte ich mich an ein Monster und manchmal an Situationen, die für mich unkontrollierbar waren. Einfach ganz abstruses Zeugs. Seither schob ich sie dem hohen Stresspegel zu und legte sie einfach ab. Wir verarbeiten eben mit fiktiven Traumbildern. Doch dieser fahle Geschmack in mir beunruhigte mich doch sehr. Ich beschloss, erst mal zu frühstücken und mich auf den kommenden Arbeitstag vorzubereiten.

Ich machte mich im Bad etwas frisch, suchte meine Hosen, nahm mir Zeit, ausgiebig zum Frühstücken. Ein starker Kaffee würde diesen seltsamen Geschmack in mir schon beseitigen. So nahm ich ein Stück Brot, Marmelade und wie üblich, wenn ich allein war, meine geliebte Erdnussbutter und setzte mich an den Tisch. Nach einem kurzen Gebet, wir waren seit einigen Jahren Christen, frühstückte ich genüsslich.

Unverhofft musste ich an Onkel Wilhelm denken, der viel zu früh starb und oft von den wesentlichen Dingen in unserem Leben sprach. Er lebte seinen Glauben viel authentischer und intensiver als ich und hatte eine lebendige Beziehung zu Jesus und der Kraft die damit verbunden ist. Er sprach oft darüber, dass Arbeit nicht alles sei und Selbstverwirklichung nicht unser oberstes Ziel sein sollte. Da er mein Onkel war akzeptierte ich seine Meinung, konnte dem aber oft nicht voll zustimmen.

Gott hat uns doch mit einem freien Willen ausgestattet und davon wollte ich, so gut ich es konnte, Gebrauch machen. Das sollte mich jedoch nicht daran hindern, grundsätzlich an eine höhere Macht zu glauben. Unser gläubiges und rechtschaffenes Leben empfand ich in gewisser Weise als die Eintrittskarte in den Himmel. Wie konnten wir auch nur Zufallsprodukte sein, die lediglich eine kurze Zeitspanne von 70 oder 80 Jahren auf Erden wirksam wären. Dieser Gedanke allein würde bereits ein gewisses Recht auf anarchistische Vorgehensweisen beinhalten. Niemandem über den Tod hinaus verantwortlich sein zu müssen, würde die Willkür der Menschen nur noch weiter untermauern und egozentrische Lebensweisen begünstigen. Seelsorge und soziale Grundgedanken bekämen einen völlig neuen Stellenwert, ja würden sogar hier und da überflüssig, wenn wir uns nur noch nach uns und vielleicht maximal unserem Gegenüber ausrichteten.

Nein, Anne und ich glauben beide an einen Schöpfergott. Vielleich war es, zumindest bei mir, ein bisschen so wie in dem Märchen von Frau Holle. Die Kleider des guten Mädchens wurden durch ihre guten Werke golden. Stück für Stück strahlte sie dadurch in einem wunderschönen neuen Glanz. Auch ich wollte in gewisser Weise ein Gutmensch sein und überlegte mir ab und an gute Dinge zu machen. So half ich in einer Projektgruppe, spendete Kleider und auch Geld. Vielleicht um mich damit gut zu fühlen oder auch in der Hoffnung, dass der da oben dies bemerken würde. Quasi als Gegenwert für das worin ich nicht perfekt oder vielleicht nachlässig war.

Auch in der Firma war dies völlig klar geregelt. Wer was konnte, kam weiter und wer nicht blieb hinten an. Erfolg durch Leistung war ein für alle Beteiligten gleichermaßen gültiger Maßstab. Und soziale Kompetenz lag in der vom Betriebsrat geforderten Mindestleistung, sofern sie dem Wachstum der Firma nicht im Wege stand. In gewisser Weise war das dann die Obrigkeit der wir Genüge zu tun hatten. Welch seltsame Parallele.

Während ich das leckere Brötchen genoss und mich auf den Tag vorbereitete, kamen mir allerlei Aufgaben in den Sinn. Erst mal für Ordnung sorgen, dann die Vorplanung des übernommenen Projektes starten, Aufgaben definieren und verteilen. Es war gut, das Projekt in einzelne Teile zu untergliedern und auf möglichst viele Schultern zu delegieren. Viele Schultern tragen mehr, lediglich die Koordinationsfrage war dabei ausschlaggebend. Wann war der erste Abgabetermin im Vorstand, wann könnte man die ersten Vorgespräche mit den diversen Abteilungen führen usw.

Das Projekt hatte allerdings eine bedeutende Herausforderung, die mir mein Chef so ganz im Vertrauen noch mit auf den Weg gab. Es galt dabei eine maßgeblich gesetzliche Bestimmung, die den Aufwand und die Durchführung deutlich erhöhen sowie unseren Gewinn dadurch drastisch schmälern würde, zu umgehen. Es gab manches Mal solche Projekte, die mit den aktuellen Vorschriften des Gesetzgebers nicht immer in Einklang zu bringen waren.

Für mich hieß das, dass ich mich in unzählige Vorschriften und Verordnungen einlesen musste um einen, für die Firma profitablen Weg hindurch zu finden. Mit den Worten: „da haben wir doch schon ganz andere Dinge geschaukelt; ich vertraue ganz auf ihre Innovation“, versuchte mir mein Vorgesetzter ziemlich direkt zu sagen, dass ich einen Weg finden solle, das Gesetz zu umgehen, auch wenn dieser nicht korrekt wäre. Solche Dinge wurden nicht direkt angesprochen. Er sagte nicht, brechen Sie das Gesetz oder so, die Erwartungshaltung über die Durchführbarkeit sowie des zu erwartenden Profites, wurden einfach nach oben korrigiert, so dass es mit legalen Mitteln unmöglich war, dem zu entsprechen.

Das war bei Personalkosten nicht anders. Es wurde nicht gesagt, dass ich nur so und so viel Mitarbeiter beschäftigen dürfte, zur Zeit waren es etwa 45. Mir wurde vielmehr ein Budget zur Verfügung gestellt, mit dem ich haushalten musste. Das dieses Budget meist nicht der Anzahl der Mitarbeiter mit guter Entlohnung entsprach war klar. Und wenn das Folgebudget niedriger ausfiel, musste ich entsprechende Maßnahmen ergreifen. Löhne kürzen war meist nicht möglich, Mitarbeiter reduzieren sehr wohl. Insofern wurde ich niemals dazu aufgerufen jemanden zu kündigen, sondern durfte dies, unter Prämisse der Ablaufoptimierung, selbst vornehmen.

Selbstredend hing mein Bonus am jeweiligen Projektende genau von diesen, teils übertriebenen *Effekten*, wie sie gern genannt wurden, ab. Manches Mal machte es mir ja auch Spaß, einen schlauen Weg durch den ganzen Verwaltungsdschungel unserer Regierung zu graben. Zudem hielt ich einiges davon sowieso für überflüssig, was meine Hemmschwelle, das Gesetz für unsere Firma zu recht zu biegen, extrem sinken ließ. Schlussendlich muss doch jeder sehen wo er bleibt, ob im persönlichen Projekt Steuererklärung oder eben bei größeren Vorhaben wie dem, das ich nun auf dem Tisch hatte. Das war eben Geschäft.

Tief versunken in Planungsgedanken kam mir wieder Annes letzten Satz: „vielleicht hast Du ja auch Zeit für Gedanken der wesentliche Dinge in unserem Leben", in den Sinn. Fast hätte ich das in meiner Euphorie ganz vergessen.

Die Firma stand stets an einer der oberen Stellen in meinem Leben. Geschäft geht vor, war meine Meinung, wenn es der Firma gut geht, dann geht es auch mir gut. Nicht umsonst hatten wir es zu einem Haus und all den Annehmlichkeiten, von denen ja alle profitierten, gebracht. Ich war der Versorger und Ernährer der Familie, das Oberhaupt und meisterte meine Aufgabe sicher ganz annehmbar.

Wenn da nicht die fehlenden Reaktionen in den Augen meiner Kinder und auch von Anne wären. Das beschäftigte mich schon sehr und ich begann, nach der mittlerweile zweiten Tasse Kaffee, darüber zu grübeln. Anne hatte ich während des Studiums kennen gelernt und wir waren uns sofort sympathisch. Es war Liebe auf den ersten Blick und wir wussten bereits nach kurzer Zeit, dass wir miteinander leben wollten. Über die Firma kam ich damals ins Ruhrgebiet und konnte eine gewisse Kariere verfolgen. Durch die Kinder, welche recht schnell nach dem Studium geboren wurden, wurde Anne zum ruhigen Part in unserem Zuhause. Sie fand schon eine gewisse Erfüllung darin, die Kinder zu erziehen und für unser Heim zu sorgen. Für mich war diese Zeit wie perfekt. Leider habe ich nicht bemerkt, dass ich im Laufe der Zeit verlernte, Zuhause Befindlichkeiten wahrzunehmen oder ihnen den gebührenden Raum zu schenken. Mit zunehmender Aufgabenübernahme in der Firma, ging meine Aufmerksamkeit unweigerlich darauf über.

Während ich so bei mir war und in meinen Gedanken kreiste, musste ich feststellen, dass sich der fahle Geschmack in meinem Mund, trotz des Kaffees, nicht merklich besserte. Vielleicht war ich ja krank oder mit irgendetwas infiziert worden. Auf jeden Fall war es seltsam und mir vollkommen fremd. Mein Körper hatte in den letzten Jahren immer das getan was er auch tun sollte. So wie eben alle um mich herum auch. Was für ein weiterer komischer Gedanke. War es wirklich nur ein Funktionieren geworden, ein beieinander leben, nebeneinander her und sonst nichts weiter? Ich wollte den Gedanken nicht weiter verfolgen. Aber je länger ich über unsere Situation nachdachte, desto größer wurden Unstimmigkeiten die mir dabei bewusst wurden. Bereits nach einer halben Stunde an meinem Frühstückstisch konnte ich keinen klaren Gedanken mehr fassen und ich überlegte, an diesem Tag doch nicht zu arbeiten. Vielleicht sollte ich genau diesen Gedanken jetzt mehr Raum geben. Aber wie nur? Meine Überlegungen, die Arbeit heute liegen zu lassen, wurden zu einem Beschluss und ich schrieb eine Mail ins Büro. Es war draußen schon etwas heller geworden und die Mail sollte noch vor Arbeitsbeginn an der entsprechenden Stelle angekommen sein. Aufgrund der massiven Überstunden war es mir ohne Weiteres möglich, einen Tag zuhause zu bleiben. In einer netten und dringlich klingenden Umschreibung teilte ich dies meiner Sekretärin mit. Sie würde schon alle weiteren Dinge des Tages regeln und verschieben.

Nachdem ich die erste wichtige Entscheidung getroffen hatte, überlegte ich mir nun, wie ich mit meinen bzw. unseren Problemen umgehen wollte. Vielleicht sollte ich mir mal alles, was ich nicht so gut fand auf einen Zettel aufschreiben um mir einen ersten Überblick zu verschaffen.

Ich könnte aber auch alle Punkte, die mich zurzeit bewegen auf Karten schreiben, um sie auf dem Tisch in Gruppen zu ordnen. Ich entschied mich für die zweite Variante und holte meine Metaplankarten, die ich für meine geistigen Impulse immer parat hatte, heraus. Dann schloss ich die Augen und überlegte mir Dinge, die für mich nicht in Ordnung waren aber auch solche, wovon ich gern mehr hätte.

Es kamen Gedanken, die ich in Worte wie: „Sex, Vertrauen, Angst, Zukunft, Familie, Urlaub, mein Motorrad, Arbeit, Geld, Reflektion der Augen, Spüren, Liebe, Neid, Zorn, Glaube", definierte und auf die Karten schrieb. Überrascht wie viel Punkte in so kurzer Zeit aufflammten, ordnete ich die Karten in zwei Kategorien, gut und schlecht ein.

Gut war: mein Motorrad, Geld, Familie, Urlaub.

Schlecht war: Sex, Vertrauen, Angst, Freude, Zukunft, Spüren, Liebe, Neid, Zorn, Glaube.

Es überraschte mich nicht wirklich, dass die eine Liste viel länger war als die andere. Oberflächlich und von außen gesehen war mein Leben dennoch gut.

Ich hatte beruflich viel erreicht, eine wunderbare Frau gleich wie phantastische Kinder. Wir fuhren in teure Urlaube und ich konnte meinem Hobby nachgehen. Doch das war nur eine Fassade, wie mir nun auch die Karten unmissverständlich zeigten. Um dem weiter auf den Grund zu gehen, beschloss ich, mir einige Gedanken zu den einzelnen Punkten zu machen. Da ich ein positiver Mensch war, begann ich mit der guten Seite:

Motorrad

Seit ich denken kann fuhr ich ein Zweirad. Vom Fahrrad begonnen über ein Leichtkraftrad bis hin zu Maschinen mit höheren Kubikzahlen. Es war stets eine Art Freiheit wenn ich darauf saß und über den Asphalt bretterte. Ein Hochgefühl, unbeeinflusst von Gedanken, Sorgen oder sonstigen Problemen. So eine amerikanische Maschine ließ ich mir dann auch mal fünfundzwanzig bis dreißigtausend Euro kosten. Das war`s mir wert und verdient hatte ich es allemal.

Geld

Durch meine Arbeit konnte ich oft beweisen wie gut ich in organisatorischen und planerischen Dingen war. Das blieb nicht unhonoriert und so kletterte ich auf der „Payroll" Stück für Stück nach oben. Gut zu verdienen hielt ich immer für wichtig und genoss es, mir und meiner Familie mehr leisten zu können als andere. Es war ein überlegenes Gefühl, das mich ständig motivierte und zugleich voran trieb.

Familie

Neben all den Problemen in der Firma und dem dazugehörenden Stress war ich froh, mit Anne und den Kindern eine Familie zu haben, auf die ich stolz sein konnte. Einige meiner Kollegen waren nicht so beschenkt und immer noch solo. Sie gab mir zu Beginn auch einen gewissen Lebensinhalt, den es zu meistern galt. Kinder in die Welt zu setzen und dafür zu sorgen, dass sie selbst einmal Gut und Böse unterscheiden konnten und wiederum ihr eigenes Leben meistern würden, war unser Ziel.

Urlaub

Durch das deutliche „Mehr" an Gehalt konnten wir uns weit entfernte Urlaubsziele leisten, wo andere im „Ländle" bleiben mussten. Berechtigterweise sah ich das ebenfalls als normal an, denn ich leistete und verdiente auch mehr. So konnten wir mehrmals im Jahr Auszeiten nehmen, die auch mal teurer waren.
Wir sahen viel von der Welt.

Nun machte ich mich an die schlechte Seite:

Sex

Ich spürte schon seit langem wie unsere Erotik nachließ. Anfangs war das nicht weiter schlimm, da ich durch meine Arbeit einige Erfolgserlebnisse und zeitweise Hochgefühle hatte, die mich wohl darüber hinwegsehen ließen. Ich hielt es auch nicht für verwerflich, dass ich mir nach Feierabend, allein in der Firma, mir hier und da erotische Seiten im Internet angesehen habe. Und doch kam im Laufe der Zeit eine zunehmende Sehnsucht, beflügelt von den Bildern in meinem Kopf, nach immer härteren Darstellungen in mir auf. Es wurde fast wie eine Jagd nach Szenen und Akteuren, die diese Vorstellung immer exzessiver darstellten.

Allerdings wurden meine Bedürfnisse dadurch niemals gestillt und ich entfernte mich tatsächlich langsam aber sicher von dem Idealbild, das ich von meiner Frau hatte. Da ich aus Scham diese Gedanken nie mit ihr teilte, wurde ich ständig unbefriedigter. In diesem in mir wachsenden unzufriedenen Grundzustand fand ich keinen Weg mehr zu unserer früheren zarten Erotik. Ich entfernte mich und mein Internetkonsum stieg unaufhaltsam, sowohl inhaltlich als auch zeitlich von Woche zu

Woche. Mir schoss der Gedanke durch den Kopf, die Karten unbedingt vor dem Abend noch zu vernichten. Fatal wenn Anne meine heimlichen Gedanken entdecken würde.

Vertrauen

Durch meine Stellung hatte ich auch Neider, Menschen die mir meinen Erfolg nicht gönnten und denen ich immer weniger anvertrauten konnte. Dabei entwickelte ich schließlich Wege, sie zu kontrollieren, um nicht unangenehm überrascht zu werden. Vertrauen hatte für mich etwas mit aus der Hand geben zu tun, was ich sowohl beim Sexualleben mit Anne, aber auch in der Firma, nicht mehr hatte. Dabei fühlte ich mich ungut und wollte Situationen besser selbst steuern. Auch wenn es schwer war. Wahrscheinlich war ich doch ein bisschen wie das gute Mädchen im Märchen…

Angst

Neben der grundsätzlichen Angst, im Leben etwas zu verpassen, machte ich mir oft Sorgen über meine Arbeit. War sie gut genug, konnte ich mich auch sichtbar von meinen Kollegen abheben, bemerkte mich der Chef? Die Unsicherheit wurde zur Unruhe und trieb mich stetig voran, immer besser zu werden. Jedoch kam in den letzten Monaten auch die Angst dazu, mit meiner Familie unglücklich zu sein. Früher war sie mein Mittelpunkt, heute ein Bestandteil. Mit meinen Freunden konnte ich über so was schon gar nicht sprechen und manchmal, da wusste ich nicht wie das Morgen aussah. Ja, ich spürte zunehmende Ängste meinen Mitmenschen gegenüber. Die Tatsache, dass ich diese mit niemandem teilen konnte, machte mich hilflos und zunehmend härter.

Zukunft

In gewisser Weise hatte ich Angst vor dem was kommen könnte. Vielleicht war es auch die Angst, meine Familie nicht mehr zufrieden zu stellen oder sie sogar ganz zu verlieren. Jeder schaute auf mich und das was ich so vorzuweisen hatte. Auf jeden Fall war meine frühere Unbeschwertheit verflogen.

Freude

Wieso schob ich diesen Punkt auf die schlechte Seite? Ja, es gab Zeiten, in denen Anne und ich viel lachten. Wir konnten uns veralbern und gegenseitig zum Lachen bringen. Anne lachte schon lange nicht mehr so viel wie früher. Alles war viel ernster und irgendwie gepresster geworden. Irgendwo las ich einmal den Spruch: „Ich schlief und träumte, das Leben sei Freude. Ich erwachte und sah, das Leben war Pflicht. Ich handelte, und siehe, die Pflicht war Freude.“ Rabindranath Tagore (1861 bis 1941) Diese zweite Freude ist mir, trotz meiner Selbstbestimmung und bei ehrlicher Betrachtung, jedoch schon seit geraumer Zeit abhanden gekommen. Mittlerweile bekam ich Angst vor dieser schonungslosen Selbstbetrachtung und wie stark die schlechte Seite schon geworden war. Es dämmerte und der Morgen schien sich auf den Tag vorzubereiten. Jetzt konnte ich nicht mehr zurück und wollte die restlichen Karten, nur für mich, fertig interpretieren.

Spüren

Ich spürte wie meine Blicke nicht mehr die meiner Kinder oder die von Anne trafen. Ich spürte wie ich mich entfernte und begann, wie aus einer Traumwelt ihr Leben wahrzunehmen. Gespräche mit Anne verloren ihren Tiefgang. Wenn sie von Ereignissen des Tages erzählte, lag meine Aufmerksamkeit doch oft bei Anderem. Schließlich musste auch ich irgendwie verarbeiten und das hörte an der Haustür eben nicht auf. Die Entwicklung der Kinder verfolgte ich eher, als das ich sie aktiv begleitete. Es hatten sich Prioritäten verschoben, was ich erst jetzt bemerkte.

Liebe

Ja, wo war sie geblieben? Ich spürte schon diese Zuneigung und Verbundenheit meiner Familie gegenüber, keine Frage, und doch war es anders als früher - irgendwie schlechter -. Bei der Frage nach Liebe kam mir nicht einmal mehr meine Arbeit, die ich seither so leidenschaftlich erledigte, in den Sinn. Was liebe ich? Klar, meine Kinder und Anne. Wie wirkt sich diese Liebe auf mein Leben aus? Erschreckend stellte ich fest, dass es für mich eher eine Art Beruhigung war. Anders als früher, da konnten wir mit unserer Liebe auf Entdeckungsreise gehen. Doch eine Reise war das schon lange nicht mehr.

Neid

Da ich in der letzten Zeit einige Ungereimtheiten in meinem Leben entdeckte, diese aber nicht wahrhaben wollte, verglich ich mich immer öfter mit anderen. Wo gingen sie in den Urlaub, hatten sie mehr Freunde als ich? Wer waren eigentlich meine richtigen Freunde? Gab es jemanden mit dem ich meine ganz persönlichen Angelegenheiten besprechen konnte? Aus meiner latenten Unzufriedenheit entwickelte sich tatsächlich eine Art Missgunst. Sei es die gute Laune eines Kollegen oder die pseudochristlichen Aussagen mancher Gemeindemitglieder, die ich teilweise sowieso nur als gutgläubig abstempelte. Ja, ich war in der Tat auf etwas neidisch, dass ich so genau nicht benennen konnte. Leider musste ich feststellen, dass ich dieses Gefühl gegenüber Anne immer öfter in Form meiner schlechten Laune herausgelassen habe. Wem sollte ich das auch anvertrauen oder sogar abgeben? Dabei fühlte ich mich ohnmächtig und allein, denn auch nach manchen Ausbrüchen veränderte sich meine Situation nicht wirklich dauerhaft.

Zorn

Diese Gefühle brachten mich dazu, gewisse Dinge und Menschen oder sogar soziale und politische Themen kritischer und mit allerlei Vorurteilen gegenüber zu treten. Meine Meinungen wuchsen dadurch immer häufiger zu polemischen Phrasen, nur um meiner Unzufriedenheit Luft zu machen. Gefühlsausbrüche gegenüber der Familie sollten eine Ausnahme bleiben. Bei anderen war mir das egal. Vor allem in der Firma ertappte ich mich immer öfter dabei, von Kollegen das Verhalten als unangebracht zu verurteilen, und schlimmer noch, diese Verurteilung oder die daraus erfolgte Maßregelung verschaffte mir zunehmend Befriedigung.

Glaube

Nun war noch der Glaube übrig. Wie stand es mit dem? Wir gingen mittlerweile regelmäßig in den Gottesdienst und ich fand die Predigten hin und wieder auch interessant. Der Pastor konnte bestimmte Dinge gut auf den Punkt bringen. Dafür wird er ja auch bezahlt, dachte ich manches Mal. Doch mit Gott oder Jesus habe ich bislang noch keine tieferen Erfahrungen machen können. Seither war mein Glaube eben ein Bestandteil meines Lebens, der auf meiner halb theologischen Einschätzung beruhte. Jeder glaubt doch an etwas, auch wenn er an nichts glaubt. Was schlussendlich richtig oder falsch sein würde, würden wir erst nach dem Tod wissen. Zudem war es gut ab und an zur Ruhe zu kommen.

Als ich mir dieser Bedeutungen der Karten bewusst wurde, traf es mich wie ein Schlag ins Gesicht. Ganz ähnlich, wie vor gefühlten zwei Stunden, als ich das Fenster öffnete und die kalte modrige Luft in mir einsaugte. Ich stand auf, blickte auf den Tisch mit den Karten, den Punkten und Erläuterungen und war schockiert darüber, wie viel Negatives sich in meinem Leben eingeschlichen hatte.

Dabei versuchte ich doch das gleiche wie andere auch; Erfolgreich und zufrieden leben. Doch was ich nun vor mir sah war alles Andere als das. Man könnte es vielleicht eher mit einem Scherbenhaufen als mit einem schönen Leben vergleichen. Genau, ein Scherbenhaufen der aus diesem schönen Leben, an dem ich doch so mühsam gearbeitet habe, entstanden ist. Doch was hatte mein „gutes Leben“ zerstört? War da ein Ereignis, das ich übersehen und unsere „heile Welt“ kaputt gemacht hatte?

Vielleicht der frühe Tod meines Onkels? Er war mir als Vorbild schon immer wichtig gewesen, auch wenn ich ihm das nicht zeigen konnte. Was sagte er noch über Selbstbestimmung und den freien Willen: „wir können sie dazu benutzen selbst unser Leben zu definieren oder aber, aus einer lebendigen Beziehung mit Jesus, es ganz neu gestalten zu lassen.“

Jetzt, wo ich mir mein Leben, das da in Form von Begriffen und deren Bedeutung auf dem Tisch lag, anschaute, kam mir der Gedanke, dass ich einige Fehler gemacht haben musste. Es hat uns aber auch niemand auf Ehe, Berufsleben sowie Rückschläge und dergleichen vorbereitet. Wir mussten doch alles, quasi mit der Hand am Arm, selbst lernen und aus eigener Kraft meistern. Wer kann es dann einem verdenken, wenn das eine oder andere nicht passt, waren sofort meine rechtfertigenden Gedanken. Ich brauchte eine Pause, ließ mir eine weitere Tasse Kaffee aus dem Automaten und stellte mich ans Fenster bis er etwas abkühlte. Nun ahnte ich, woher der modrige und muffige Geschmack in meinem Mund kam. Es waren die vielen und lange unterdrückten Gefühle, die in mir hoch kamen.

Mit einem Schluck Kaffee versuchte ich, diesen Geschmack erneut irgendwie herunter zu schlucken, was mir jedoch nicht gelang. Es kam mir vor, als stünde ich vor einem riesigen Berg an Problemen, die ich allein nicht ausräumen konnte.

Vielleicht brauchte ich ja auch professionelle Beratung, eine Familientherapie oder so was. Ich suchte nach Möglichkeiten, meinen Problemen auf den Grund zu gehen. Als ich zwischen Gesprächsgruppen und Therapien schwankte, kam mir der Gedanke, dass es ja überwiegend meine Probleme waren. Genau, es waren alles Dinge die in mir auf- oder hervorkamen. Hatte sich Anne verändert oder wurden die Kinder unartiger? Nein, es waren Veränderungen in mir, welche die Probleme verursachten. Das wurde mir nun klar.

Als ich den Becher ausspülte war ich an dem Punkt angekommen, zu wissen, dass ich tatsächlich Hilfe benötigte. Ach, wäre doch nur mein Onkel noch da, jetzt würde ich ihn echt fragen und ihm nicht nur oberflächlich zuhören. Ich brauchte eine neue Klarheit in meinem Leben. Eine neue Ausrichtung von gut und schlecht, musste Prioritäten überdenken und verändern. Doch wie und mit wem sollte ich das besprechen? Aus der Gemeinde kannte ich den einen oder anderen, der Erfahrung mit professioneller christlicher Psychotherapie gemacht hatte. Es gab diverse Gemeinschaften, die sich darauf spezialisierten. Bei dem Gedanken daran bekam ich jedoch Angst. Es würde sicher mehrere Sitzungen oder gar Wochen dauern, bis sich eine Verbesserung zeigen würde. Wie sollte ich das dann Anne und den Kindern erklären? Sollte ich offen über meine Situation sprechen oder es heimlich angehen?

Fragen über Fragen türmten sich in mir auf. Vielleicht konnte ich es ja doch irgendwie selbst schaffen. Schließlich war ich seither in gewissen Punkten auch sehr willensstark. Und mir fielen zu dem einen oder anderen Problem auch diverse Möglichkeiten ein, die ich verändern könnte. Ja, es gäbe sicher noch Maßnahmen die erfolgversprechend wären. Ich müsste sie nur gezielt einsetzen.

Doch dann kam mir ein Satz meines Onkels in den Sinn: „wer bestimmt Dein Leben", fragte er mich eines Tages voller Ernst. Ich weiß noch, wie ich übermütig: „natürlich ich selbst", antwortete. Ja, das war mein fester Wunsch, der Steuermann meines und auch anderer Leben zu werden. Wer sollte das auch sonst tun?Aber konnte ich mich an dem Punkt wo ich nun stand, vielleicht war es ja auch ein Abgrund, mich tatsächlich noch selbst retten?

Ich brauchte Abstand, trat vom Tisch und dem ganzen Müll der da vor mir lag weg und spülte das restliche Geschirr. Der Morgen trat vollends hervor und es schien ein schöner Tag zu werden. Wenn da nicht all diese Gedanken und Probleme wären. Ich fühlte mich hilflos und dachte immer wieder an meinen Onkel. Wo mag er nun sein? Wie sieht es im Himmel wirklich aus? Dass ich diese im Grunde so wesentlichen Fragen nicht beantwortet bekam, war mir dabei schon klar, doch beschäftigten sie mich manchmal sehr.

Er sagte einmal, dass wir den Zusammenhang dieser und jener Welt nicht verstünden. Wir wären zu oft der Meinung, nur im hier und jetzt zu leben und das dies vollkommen abgetrennt von der geistlichen Welt, also des Himmels, wäre. Doch das sei falsch, denn der Zusammenhang würde durch den Geist Gottes und unserem Geist hergestellt. Diese beiden träfen sich wie auf der Mitte einer Brücke, die wir Jesus nennen, und würden sich gegenseitig beeinflussen. Insofern wäre sogar eine sehr starke und aktive Beziehung beider Welten vorhanden. Ob wir sie erkennen und nutzen oder nicht. Wir hätten jedoch die Wahl, diese Beziehung anzunehmen oder sie abzulehnen. Doch egal wie wir uns auch entscheiden, sie würde uns in jedem Fall beeinflussen.

Er sprach oft so verschleiert und fast befremdlich, dass ich mich meist nicht lange damit beschäftigte. Aber nun, so allein und irgendwie überführt in meinem Zimmer, vor meinem bisherigen Leben, da ließen mich diese Gedanken nicht mehr los. Ich wollte diese Zusammenhänge, die mich bewusst oder unbewusst immer beeinflussen würden, verstehen lernen. Denn in mir reifte der Gedanke, dass dies alles auch mit meiner jetzigen Situation zusammen hängen könnte. Doch wie sollte ich das Thema nur angehen?

Das Einzige was mir einfiel war, zu beten. Vielleicht würde ja Gott meinen Fragen und Problemen auf den Grund gehen und mir wie auch immer, Weisheit und eine Lösung eingeben. Dabei fragte ich mich schon, warum er dies überhaupt tun sollte. Denn seither hatte er ja auch nicht in mein Leben eingegriffen. Schließlich war ich der oder das was ich aus mir selbst machte. Aber ich wollte die Hoffnung nicht aufgeben, rief den Herrn an und betete:

„Vater, wie Du siehst, stehe ich vor einem Haufen Problemen und weiß nicht mehr weiter. All meine Gedanken laufen ins Leere und ich kenne den Ausweg nicht mehr. Vielleicht war ich seither zu übermütig, doch ich wollte es ja nur richtig machen. Bitte hilf mir in dieser schweren Situation und zeige mir den Weg aus meiner Misere, um meine Frau und die Kinder nicht zu verlieren." Als ich die Augen öffnete, war ich etwas beruhigter und hoffte insgeheim und irgendwie auf Hilfe von Oben. Wie war das noch mit der Entscheidung, von der mein Onkel so eindringlich sprach? Im Grunde lief es doch auf ein mit oder ohne Gott hinaus. Aber diese Entscheidung hatte ich doch damals, als ich mich bekehrte, getroffen. Oder nicht? Er sagte auch, dass wir nach dieser Entscheidung eine aktive Beziehung zu Jesus entwickeln müssten. Er wäre der Mittler der hiesigen und jenseitigen Welt. Diese jenseitige Welt sei nicht ein Manifest, das nach unserem Tode zu leben erweckt werden würde. Sie wäre schon längst lebendiger und realer als wir selbst. Der Kern dieser beiden Welten läge im Zulassen der gegenseitigen Beeinflussung.

Mir dämmerte, dass dies ein zentraler Punkt war, dem ich auf den Grund gehen müsste, da ich mich stets gegen Beeinflussung in meinem Leben sträubte. Wenn Jesus die Brücke meines und des Geistes Gottes war, dann musste ich unbedingt mehr über diese Beziehung mit ihm herausfinden. Lag ich denn mit meinem bisherigen christlichen Glaubensverständnis so falsch?

Für mich gab es einen Gott, der die Welt und uns Menschen erschuf. Sie war unsere Lebensgrundlage, unsere Aufgabe lag darin, sie zu nutzen und uns, wie es in der Bibel stand, wie die Sandkörner im Meer, zu vermehren. Aufgrund unserer Schuld und der Trennung von Gott kam Jesus als Sohn Gottes auf die Erde um für uns den Sühnetod zu sterben. Das machte uns frei von Sünde und wir waren Gotteskinder mit dem Anspruch auf Vergebung und einen Platz im Himmel, sofern wir uns bekehrten. Punkt.

Bei dieser kurzen und nüchternen Betrachtung bemerkte ich schnell selbst, dass dies nicht alles sein konnte. Nein, so klappte das nicht. Ich brauchte in der Tat professionelle Hilfe.

Ein Freund meldet sich

In meine Gedanken versunken kam ich mir verloren vor und wusste nicht mehr wie ich weiter vorgehen sollte. Das Nächstliegende wäre es, einen Aktionsplan mit entsprechenden Maßnahmen aufzustellen und den Problemen, je nach Priorität, auf den Grund zu gehen.

Bei dem Gedanken an einen Zeitaktionsplan, erinnerte mich das jedoch mehr an die Planungsvorbereitung eines meiner Projekte. Doch hier ging es nicht um ein Projekt, sondern um mein Leben und das meiner ganzen Familie! Nein, so wollte und konnte ich das nicht angehen. Es müsste mir irgendjemand helfen. Ach, wäre nur mein Onkel noch da, kam mir in dem Moment in den Sinn, als das Telefon läutete.

„Moin“, sagte eine mir fremde und doch vertraute Stimme. „Na wie geht`s?“

Ich war baff. Diese Stimme hatte ich schon Jahre, ach was, Jahrzehnte nicht mehr gehört. Sie war mir jedoch sofort wieder vertraut. Normalerweise muss ich erst überlegen, zu welchem Gesicht eine Stimme passt, wenn ich sie lange nicht gehört hatte. Doch hier bekam ich zur Stimme umgehend ein Bild und dann auch einen Namen.

„Thomas“, platzte es sofort aus mir heraus. „Mensch Thomas, bist Du das?“

„Aber ja, ich höre schon, dass Du mich nicht ganz vergessen hast“, antwortete er.

„Das muss ja eine Ewigkeit her sein, seit wir uns das letzte Mal trafen“, gab ich zu Antwort.

Er antwortete lächelnd: „na die Ewigkeit ist anders und um einiges länger als unsere 22 Jahre und 7 Monate.“

„Du hast das ja genau im Kopf. Mir vergeht die Zeit wie im Flug und ich kann mich manchmal nicht mehr daran erinnern was ich letzte Woche zu essen hatte. Aber erzähl mal, wie ist es Dir in der letzten Zeit so ergangen?“

„Das würde ich gern“, sagte er, „doch vielleicht wäre es einfacher, wenn wir uns sehen würden. Du hast doch heute Zeit, oder?“ fragte er.

Woher konnte er das wissen? Die letzten Jahre war in der Tat Funkstille zwischen uns beiden. Ich überlegte kurz, wer ihm diese Information über meinen freien Tag hätte geben können. Er kannte weder Anne noch wusste er wo ich arbeitete.

Um nicht zu überrascht zu wirken sagte ich: „aber ja, heute hab ich mir frei genommen. Wenn Du magst, können wir uns gern irgendwo treffen.“

„Wie wäre es bei Dir Zuhause. Ich könnte demnächst bei Dir sein“, erwiderte er.

Um meine „nicht Überraschung“ aufrecht zu halten ging ich auf meine mir selbstgestellte Frage nicht ein, wollte sie aber unbedingt an unserem Gespräch ansprechen.

„Ok, bis später dann“, sagte ich kurzerhand erfreut und legte auf. Thomas kommt zu mir nach Hause, was für ein Ding, ging es mir durch den Kopf.

Ich rechnete nach, es waren tatsächlich weit über 20 Jahre gewesen. Wir gingen damals zusammen aufs Gymnasium. Ich kann mich noch gut daran erinnern. Es war die Zeit, in der wir uns allerlei Traumberufe ausdachten. Die Welt stand uns noch offen und wir ließen unserer Phantasie in jedweder Richtung freien Lauf. Mein großes Ziel war es schon damals, einmal mit vielen Leuten umzugehen und sie führen zu können. Ich stellte mir eine Position, in der andere auf mich hören müssten und ich die Zügel in der Hand hielt, klasse vor. Wo oder in welchem Bereich das sein konnte, wusste ich damals noch nicht, nur das ich auf keinen Fall irgendein Handlanger werden wollte.

Mein Elternhaus war eine Arbeiterfamilie und ich kann mich noch sehr gut an die häufigen Zeiten erinnern, in denen sich meine Eltern, wegen des Geldes, stritten. Die Zeiten waren schwer und ein Italienurlaub mit dem Wohnwagen schon Luxus. Dennoch versuchte mein Vater stets, das Geld zusammen zu halten, um uns etwas bieten zu können.

Viele meiner Kameraden verbrachten mit ihren Eltern den Urlaub nicht im Ausland. Es reichte den meisten oft nur für ein längeres Wochenende an einem See oder ähnliches. Ich kenne noch die Blicke meiner Spielkammeraden, wenn ich von der Sonne braungebrannt zurück kam. Manches Mal wurde ich dann dafür gehänselt, vielleicht weil sie nicht wussten, wie sie damit umgehen sollten.

Nein, ich wollte meinen Kindern schon etwas mehr bieten, nicht jeden Cent umdrehen oder sagen, dass wir für die kleinen Wünsche kein Geld übrig hätten. Neid um des Geldes willen ist eine armselige Sache, ich wollte einmal erfolgreich werden.

Thomas kam während eines laufenden Schuljahres in unsere Klasse. Das war schon ungewöhnlich, genauso, dass wir uns sehr rasch anfreundeten da die Chemie einfach stimmte. Sie zogen von irgendwo her in unsere Stadt. Die Familie kam aus Mitteldeutschland und zog der Arbeit wegen in den Süden, so wie es damals häufig der Fall war.

Wir waren uns auf Anhieb sympathisch und wurden so was wir ziemlich beste Freunde. Wir wohnten im gleichen Viertel, konnten uns somit häufig sehen und auch miteinander lernen. Die Gespräche nach unseren Studien waren manchmal sehr privat und lang. Seltsam, ich konnte mich sofort problemlos an so viele Einzelheiten erinnern wie selten.

Es gab wenig, was wir nicht miteinander teilten. Freude über eine Situation genauso wie Traurigkeit, wenn es mit der Schule oder bei Beziehungen mal nicht so lief wie geplant. Einmal baute ich in der Schule ziemlichen Bockmist. Ich bekam mit einem Mitschüler Ärger, was zu einer handfesten Auseinandersetzung, ja fast zu einer Schlägerei auszuarten schien. Wir waren emotional sehr aufgebracht. Viele standen um uns herum und wollten das Spektakel sehen. Warum wir uns stritten weiß ich überhaupt nicht mehr, jedoch trafen sich unsere Blicke wie die von Feinden und wir hoben die Fäuste um jeden Moment aufeinander los zu gehen. Es war eine brenzlige Situation. Ich spürte, wie die Mitschüler um uns herum wollten, dass es endlich los ging und wir aus uns heraus platzten und uns schlugen.

Als Thomas das bemerkte, kam er hinzu, analysierte kurz die Situation und stellte sich einfach zwischen uns. Das war sehr ungewöhnlich, denn mein Gegenüber war älter, größer und als Schläger bekannt.

Dennoch schritt er, deutlich kleiner und hagerer, mutig ein und besänftigte sowohl ihn als auch mich mit wenigen Worten. Ich weiß gar nicht mehr was er sagte, sondern nur, dass wir danach zwar nicht als Freunde, jedoch ohne weiter zu streiten, friedlich auseinander gingen.

Thomas war schon ein besonderer Teil meines Lebens gewesen. Warum trennten sich eigentlich unsere Wege? Ich war sehr gespannt auf ihn.

Während ich so nachdachte, klingelte es und ich war überrascht, wie schnell er bei mir war. Gespannt und mit vielen Fragen in mir öffnete ich die Türe. Wie würde er aussehen und sich entwickelt haben?

Ich erblickte einen erwachsenen Mann, der jedoch noch etwas Jugendliches an sich hatte. Kurze Haare, Lederjacke, Jeans und einen Motorradhelm in der linken Hand haltend, stand er fast lässig da. Als er mit ausgebreiteten Armen auf mich zu kam und laut: „Hallo Martin“, rief und mich herzlich in seine Arme nahm, verwandelte sich sein Lächeln in ein fröhliches Grinsen. Überrascht konnte ich der Situation nur nachgeben und erwiderte seine Geste. Wir umarmten uns fest und lang, blickten uns immer wieder tief in die Augen, ohne uns los zu lassen. So etwas habe ich bisher nur mit Anne gemacht; Nähe zulassen.

In seinen Augen, die meinen ganz nah waren, konnte ich eine tiefe Freude, ja sogar eine Art Güte entdecken. Es war fast als wenn ich wie früher, in die Augen meiner Kinder blickte. Ganz tief und auf einer gemeinsamen und ehrlich offenen Ebene irgendwie.

Wir lösten unsere lange und sehr herzliche Umarmung und ich schob ihn in unser Haus. Ich folgte ihm ins Haus und meine Spannung stieg ungemein. Was würde wohl passieren? Ich beschloss, den Moment nicht mit Plänen auszufüllen und bot ihm erst mal was zu trinken an, um Abstand zu meinen Gedanken zu bekommen.

„Magst einen Kaffee oder lieber Wasser?“

„Wasser wäre schön“, sagte er und begann sich umzuschauen. Er musterte alles. „Schön hast Du`s hier. Musst eine sehr sympathische Frau haben, sie hat Geschmack.“

„Woran erkennst Du das“, fragte ich vorsichtig.

„Nun, wenn ich die Einrichtung sehe, wie schön sie farblich aufeinander abgestimmt ist, erkenne ich die Handschrift eines Menschen mit Tiefgang und sehr viel Gefühl. Das traue ich gern Deiner Frau zu. Oder etwa nicht?“

„Stimmt“, sagte ich und bemerkte umgehend, dass ich diese Eigenschaft von Anne schon immer mochte. Sie konnte sich in der Tat in diesen Dingen verlieren und ständig daran erfreuen. Wenn wir unterwegs waren, konnte sie schon in einem normalen Ast eine neue Möglichkeit zur Dekoration in unserem Haus erkennen. Für mich war das nie ganz so wichtig; Rollenverteilung eben.

Ich öffnete eine Flasche Wasser und brachte sie mit zwei Gläsern an den Tisch, an dem ich zuvor gefrühstückt hatte. Wir setzten uns. Er sah das Wasser an, goss uns ein, schaute lange das Glas in seiner Hand an und trank genüsslich, so als ob es der teuerste Wein sei den es zu kaufen gab. Seine Zufriedenheit darüber zeichnete sich sofort in seinem Gesicht ab.

Zuerst dachte ich, dass er sehr durstig sein musste, doch als er nur kleine Schlucke nahm, erkannte ich, dass dem nicht so war.

„Wasser ist schon etwas kostbares“, gab er meinen Gedanken zur Antwort und lächelte mich an.

Ich erkannte in seinem Gesicht etwas Freundliches und Beruhigendes. Es war eine ganz besondere Art, gelassen zu sein. Es war Charakter oder vielleicht doch eine Art von Charisma; genau, Charisma ist die richtige Beschreibung. Eine Ausstrahlung, die man für kein Geld der Welt erkaufen kann. Das erkannte ich in ihm. Früher fiel mir das nicht so auf und doch, bei der Geschichte mit dem Streit des Jungen und mir, ging er mit einer Autorität und Sicherheit dazwischen wie es damals niemand hatte erwarten können. So eine Autorität sah ich jetzt wieder, sie war nur viel ausgeprägter geworden. Es war schön, ihn anzusehen.

Ich war gespannt und sagte beiläufig: „ja, gut das wir in so einem reichen Land leben dürfen.“

„Es kommt nicht von ungefähr, das dem so ist“, sagte er darauf hin. „Alles hat eine Bestimmung, ist kein Zufall. Auch wo wir geboren werden und in welchem Umfeld wir aufwachsen, wie wir uns entwickeln und welche Eigenschaften bei uns hervorgehoben oder vernachlässigt werden, ist kein Zufall. Alles entsteht aus den Beziehungen in denen wir leben. Welche Eltern wir haben, wie unser Umfeld als Kind oder in der Schule ist oder auch wie bei uns im Studium, mit welchen Leuten wir umgehen. Dies alles beeinflusst uns ständig und ist doch, wie eine Art Lauf des Lebens, vorgegeben.“

Thomas konnte schon früher ausgiebige und tiefgangverdächtige Dinge von sich geben. Er dachte irgendwie immer mehr als andere nach bevor er etwas sagte. Aber ganz seiner Meinung war ich so nicht und konterte: „aber es bleibt doch jedem selbst überlassen, was er aus sich macht oder nicht. Glaubst Du, ich hätte in meinem Leben so viel erreichen können, ohne einen festen Willen und mit wirklich viel Mühe? Das flog mir doch nicht einfach so zu“, sagte ich und fühlte mich etwas angegriffen.

„Das habe ich auch nicht behauptet. Ich meine nur, dass jeder Mensch in das hineinkommt, für was er bestimmt ist.“

Ich verstand immer noch nicht, denn für mich war die Welt das was ich aus ihr machte. Es gab Systemnehmer und Systemgeber und ich gehörte eben zu der zweiten Gattung.

„Martin“, fuhr er mit einer besänftigenden Herzensgüte fort, „bist Du heute nicht der, der durch all die Erlebnisse und Situationen, die bislang auf Deinem Weg waren, geformt wurde? Wenn Deine Frau Anne nicht diesen ausgeprägten Sinn für Dekoration und Schönheit hätte, diese tiefe Gelassenheit sich in Dingen zu verlieren und etwas zu sehen was noch gar nicht da ist, glaubst Du wirklich, dass dies Dich nicht beeinflussen und verändern würde?“

Ich musste nachdenken. Grundsätzlich war ich schon der Meinung, dass es mir egal war, wie sehr meine Frau in solchen Sachen aufgehen konnte. Freier Wille und so. Und doch, sie hatte einen Wesenszug an sich, der mich in der Tat oft beeinflusste. Sie konnte zuhören. Genauso wie sie in ihren Belangen eintauchen konnte, versuchte sie, sich in meine Situationen hinein zu versetzen, wenn ich mal wieder Probleme in der Arbeit hatte und ihr davon berichtete. Seither sah ich nicht wirklich einen Zusammenhang zwischen Annes Dekoaffinität und unserem Zusammenleben. Doch jetzt, als Thomas das so deutlich ansprach...

„Vielleicht besteht ja doch ein Zusammenhang zwischen Annes Art und der meinen, wir leben ja schließlich auch seit langem miteinander“, gab ich zur Antwort.

„Genau so ist es“, sagte er, „wir beeinflussen uns gegenseitig, auch wenn wir meinen, einen freien Willen zu haben und die Situation zu führen, werden wir doch immer nur zu Ausführenden, welche durch unsere Vergangenheit und den Beziehungen die wir pflegen, geprägt wurden. Wenn Anne sich nicht so gut in dich hinein versetzen und dir zuhören und damit ein verständnisvoller Partner sein würde, dann wäre deine Härte, die Du in der Arbeit zu zeigen versuchst, noch viel größer. In so fern ist es, zumindest zu einem Teil, Anne die durch Dich in Deiner Arbeit wirkt.“

Ich ließ das alles erst einmal so stehen, denn eigentlich wollte ich am frühen

Morgen keine so ausgiebigen Diskussionen führen. „Stimmt, da ist was dran“, sagte ich abschließend. Wir schwiegen eine Zeit lang und sahen uns immer noch freundlich an. Auch wenn seine Art manchmal etwas Belehrendes hatte, mochte ich sie und ihn erst recht. Denn er sagte immer was er dachte und war nie unehrlich. Das gefiel mir an Menschen deutlich besser als wenn sie versuchten mir und meist auch sich, etwas vor zu machen.

Authentisch sein. Ehrlich sein. Persönlich sein. Leben was man ist und nicht was man gern sein möchte oder von anderen verlangt wird. Diese Ziele waren stets in meinem Innern verankert.

„Weißt Du, es ist schon ein komischer Zufall, dass Du gerade heute anrufst, da ich mir ausnahmsweise einen freien Tag genehmigte.“

„Martin, ich glaube nicht an Zufälle“, sagte er. „Ich bin aus einem bestimmten Grund hier. Als ich heute Morgen aufwachte, kamst Du mir in den Sinn. In meinem ganzen Inneren warst Du so präsent, dass ich Dich einfach anrufen und besuchen musste. Es war wie ein innerer Drang. Es war als spüre ich innere Zerrissenheit in Dir und das Du jemanden zum Reden brauchst. Darum bin ich hier.“

Nun war ich doch sehr betroffen und sagte: „stimmt, mir geht es in der Tat nicht gut. Seit einiger Zeit denke ich über meinen Lebenssinn und dem was mich eigentlich ausmacht, nach. Ich fühle mich unzufrieden mit dem was ich erreichte. Spüre, wie sich meine Familie von mir oder ich mich von meiner Familie entferne“, gab ich offen zur Antwort. Was sollte ich auch verschweigen?

„Im Grunde habe ich mir eine Menge Arbeit mit nach Hause geholt und wollte mich daran machen, doch als ich heute Morgen das Fenster öffnete und mir ein fahler Geschmack in den Mund kam, haute mich das echt um. Insofern bin ich dankbar, dass Du jetzt hier bist.“

„Das ist gut“, sagte er, „eine gute Grundhaltung, auf der wir unser Gespräch beginnen können. Ich habe mir heute viel Zeit für Dich frei gehalten.“

In mir wuchs der Gedanke, dass er vielleicht doch nicht ganz so zufällig bei mir war. Wir erzählten uns unseren Werdegang und einige Geschichten, die dabei passierten. Es war wie früher, ein offenes und vertrautes Gespräch.

Ich begann und sprach von meiner Ausbildung, dem heutigen Arbeitsplatz und den Aufgaben die mich herausforderten. Von Anne und den Kindern, aber auch davon, wie ich eine schleichende Veränderung unseres Zusammenlebens bemerkte, die mir zunehmend Angst machte. Anne bemerkte es ja auch. Sonst hätte sie zum Abschied nicht so treffend gesagt, dass sie sich wünscht, dass ich mir auch Gedanken über die wesentlichen Dinge meines und unseres Lebens machen solle.

In der Tat befand ich mich in einer Zeit, in der sich bald vieles verändern würde. Das wusste ich schon und hatte wie immer Angst, diese Veränderungen, die ich noch überhaupt nicht kannte, nicht aktiv zu gestalten. Zwangsläufig würde dies zu Veränderungen führen, die mir eventuell nicht gefielen. Das war meine größte Sorge bei dem Ganzen. Dabei übersah ich das Wesentliche. Die Angst vor Hilflosigkeit ließ mich die wahren Probleme nicht mehr klar erkennen. Meine Gedanken drehten sich nämlich im Kreis. Ich wusste, dass etwas oder vielleicht auch vieles nicht stimmte, konnte diese Gedanken jedoch, aufgrund der Angst, etwas aus der Hand zu geben, nicht richtig analysieren.

Sie waren wie ein rauschender Bach. Sie waren da, ich wusste schon in welchen Bereichen sie waren, sei es der Erfolgsdruck, den ich mir selbst aufbaute oder von anderen aufgebürdet bekam, die fehlenden Wertezeiten mit meiner Familie oder auch allein mit Anne. Manchmal war es auch der leise Vorwurf an Gott, nicht deutlicher zu mir zu sprechen. Glauben aufrecht zu erhalten, der nicht sichtbar oder bestätigt wird, ist schon eine mühsame Sache.

Es waren wirklich viele Gedanken. Mein Problem war es, in all dem großen Berg von Fragen keinen Weg zu sehen. Das Leben drängte mich seither dazu, diese Gedanken in eine Schublade zu packen und für später aufzuheben. Manchmal war das auch ganz praktisch. Obwohl ich die Problematik spürte, konnte ich mich an einem Projekt festbeißen und dabei alles um mich herum vergessen. Die Problemgedanken gerieten somit in den Hintergrund und ich fühlte mich in gewisser Weise klar.

Allerdings hatten diese Gedanken die Tendenz, nach solch einem Wegschieben, in größerer Intensität wieder zurück zu kommen. Und das machte es nicht wirklich leichter und war der Grund, warum ich nun an dem Punkt stand wo ich war.

Dies alles erzählte ich Thomas frei und offen. Er war dabei, ebenso wie Anne, ein wirklich guter Zuhörer, der mir niemals das Gefühl gab, an eine Wand zu sprechen. Er schien all meine Probleme und Sorgen in sich aufzunehmen und schaute mir dabei gespannt und aufmerksam in die Augen. Als ich endete, lehnte er sich mit einem nachdenklichen und nickenden Blick in den Stuhl zurück.

Wir hatten zwischenzeitlich die ganze Flasche Wasser getrunken und um mir eine Pause zu gönnen, fragte ich ihn nach seiner Vergangenheit und wie es ihm denn in den letzten Jahren ergangen wäre.

Hüter des Feuers

„Weißt Du eigentlich wie ich richtig heiße?“ begann er mit sanfter Stimme. Ich verstand die Frage nicht und gab zur Antwort: „na Thomas natürlich.“

„Nun, das stimmt nicht ganz. Sicher nennen mich alle Thomas, doch das resultiert noch daraus, dass mein tatsächlicher Name für die damalige Zeit etwas ungewöhnlich war.“

Immer noch ahnungslos fragte ich: „ich versteh nur Bahnhof, welcher eigentliche Name denn“? Dann erzählte er mir seine Geschichte.

„Als ich geboren wurde, nannten mich meine Eltern Navid. Navid, das ist mein richtiger Name. Das war vor fast vierzig Jahren im Iran.“ Er machte eine Pause.

„Iran?“ fragte ich ungläubig, „ich dachte immer Du bzw. Ihr seid damals aus Düsseldorf zugezogen.“

„Ich möchte Dir nun meine Geschichte erzählen, denn ich glaube, dass sie für Dich gerade jetzt sehr wichtig sein wird. Deswegen bin ich hier.

Wir lebten in einem Dorf weit draußen auf dem Land, wo Viehzucht noch unseren Lebensunterhalt sicherte. Firmen gab es zu der Zeit nicht, auch keine geteerten Straßen mit ständig brennenden Laternen. Es war ein kleines Dorf mit Häusern aus Natursteinen und einem kleinen alten Brunnen auf einem Platz, an dem wir Wasser schöpfen konnten. Das war der zentrale Punkt des Dorfes. Wasser war sehr kostbar und wir wussten damit umzugehen. Wir waren arm und unser Leben drehte sich ganz um den Glauben und das Überleben.

In Europa ist das anders, hier hat jeder einen Beruf, eine Familie, es gibt Politik und irgendwo ist da auch noch der Glaube, der meist sonntags zelebriert wird. Du weißt sicher, was ich meine.“

„Ich verstehe sehr gut, denn so war es ja in meinem Leben auch“, gab ich ohne Worte mit einem Nicken zur Antwort, um ihn nicht zu unterbrechen.

„Im Iran und auch den anderen muslimischen Ländern ist das völlig anders. Da gibt es ebenfalls irgendeine Arbeit, die Familie und Politik, doch um alles herum steht die Religion wie eine schützende Hand. Alle Bereiche arbeiten dieser Religion zu und sind ein Teil von ihr. Es ist nicht wie bei Euch, separat sondern zentral.“

Natürlich wusste ich wovon er sprach und ich wusste auch, dass ich manchmal mit dieser Vorstellung sympathisierte, da ich den Mangel an Glauben und Liebe in unserer Gesellschaft oder vielleicht auch nur in meinem Leben, oft vermisste.

„Das muss hart gewesen sein“, gab ich zur Antwort und wollte mehr wissen.

„Der Iran war zu der Zeit ein überwiegend muslimisches Land, deren Einfluss und Theologie überall spürbar war. Im Islam war und ist das so: Die ersten Worte, die ein Vater seinem Kind ins rechte Ohr flüstert sind: *„es gibt keinen Gott außer*

Allah und Mohammad ist sein Prophet. " Das war schon immer Tradition aller Väter und verdeutlicht ein wenig, welchen Einfluss die Religion im Leben der Familien hatte.

Bereits die Kinder lernen heute noch die peinlich genaue Einhaltung von Reinheits-, Waschungs- und Essensregeln. Tägliche Gebete und Rituale, nur um Allah zu gefallen und ihn nicht in Missgunst zu bringen. Beschnitten schicken sie sie bereits mit sieben Jahren in die nächste Koranschule, wo sie zwei Jahre lang den Koran auswendig lernen müssen. Dort singen sie die Suren, verherrlichen Allah, und lernen jede innere Frage und Kritik zu vermeiden.

Kinder werden rasch ein Teil des Systems und lernen, dass Zionisten, also die Juden, mit der Tötung des Propheten Jesus Gottes Zorn hervorriefen und die Christen, wie alle anderen Religionen auch, Irrläufer sind. Man nennt sie abfällig Dimmi`s, was so viel bedeutet wie Irrläufer. Sie hassen alle „Irren" und halten Dimmi`s für überflüssige aber nutzbare Menschen, die vor Allah keine Gnade finden. Auch wenn sie alle an denselben Gott glaubten, waren sie dennoch verloren und sie die einzigen wahren Nachfolger von Abraham. Das bestätigt sich in der Geburt von Mohammad, 570 n.Ch., welchen sie als letzten wahren Propheten von Gott ansehen. Seine Lehren waren die letzte Weisung Gottes an sein Volk."

„Sie gehen dabei soweit, dass sie zur Ehre Allahs und ihrem Vorteil, der diese Ehre widerspiegelt, die sogenannten Verlorenen auch belügen und betrügen dürfen, da diese vor Allah keinerlei Rechte und Ansehen haben."

Er pausierte und ich war verblüfft, denn das hätte ich nicht erwartet. Weder sein Aussehen, noch seine Sprache ließen auf einen solchen Hintergrund schließen. Er war fast wie jeder andere Junge auch, sprach allerdings nie von seiner Kindheit. Mir genügte es damals, zu wissen, dass sie wegen der Arbeit seines Vaters zu uns zogen. Was haben sich junge Menschen auch aus vergangenen Zeiten zu erzählen, war doch die aktuelle Phase des Lebens viel eindrücklicher.

„Das ist ja ein Ding", sagte ich geschockt und konnte meine Gedanken nicht mehr recht ordnen. Mit den Worten, „ich hätte das nicht vermutet und Du hast ja auch überhaupt nichts darüber gesagt", schloss ich mein Erstaunen ab, war aber zugleich noch neugieriger geworden.

Ich kannte das Juden- und Christentum aus den Predigten unserer Gemeinde. Über den Islam wurde da nur sehr selten gesprochen. Wir Christen fühlten uns den Juden deutlich zugehöriger als den Muslimen. Ja, vielleicht sahen auch wir sie als verirrtes Volk Gottes an, genauso wie sie uns anscheinend ebenso betrachten.

Thomas lächelte und erzählte weiter: „weißt Du, für mich war es normal, morgens mit meinem Vater um fünf Uhr aufzustehen, die Ziegen zu melken und auf die

Wiese zu führen. Wir arbeiteten viel, noch vor dem Frühstück. Das kann man sich hier in Europa kaum noch vorstellen.“

Stimmt, dachte ich. Wenn ich zu meinen Jungs, die in einem ähnlichem Alter wie damals Thomas sind, sagen würde, dass wir vor dem Frühstück einen Morgenspaziergang machen oder zum Bäcker gehen könnten, bekam ich nur eine zurückweisende Antwort. Unser Leben war inzwischen doch sehr bequem geworden. Sicher war es in der Nachkriegszeit anders, doch das ist lange her und es zählen inzwischen ganz andere Dinge.

Wie ich das Wort „chillen“ allerdings mittlerweile hasste..., diese “mir ist alles egal Gesellschaft“, die ich um mich herum in zunehmendem Maße heranwachsen sah, war mir oft zuwider. Es ging meist mehr darum, Spaß und Ablenkung zu erleben als Verantwortung zu übernehmen.

Denn das harte Leben würde noch früh genug auf die heutige Jugend einprasseln. Ich kannte das auch aus meiner Firma. Es war schwierig, Menschen zu motivieren, mehr als das normale Maß zu arbeiten, geschweige denn sich für eine Sache ganz zu engagieren. Zu erkennen war das schon daran, wenn der Rechner bereits vor Büroschluss herunter gefahren wurde, um ja pünktlich den Arbeitsplatz verlassen zu können. Diesen Trend sah ich leider oft an unseren Auszubildenden.

„Um diesen Hintergrund und die Spannungen, welche in unserem täglichen Leben vorherrschten besser zu verstehen, muss ich etwas tiefer ausholen und in die damalige Zeit gehen“, unterbrach Thomas meine Gedanken und erzählte weiter.

„Der Glaube an Allah bestand schon länger. In den meisten Religionen gab es eine Gottheit als einen zentralen Punkt, die oft als Schöpfergott aber auch als Richter über Gut und Böse fungierte.

Etwa 500 nach Christus führte die damalige Seidenstraße von Peking in Asien über die arabisch persischen Länder bis an den Rand des heutigen Europas nach Kairo und Konstantinopel. Die große Anzahl Reisender und Händler brachten, neben Waren aus dem Orient, auch mannigfaltige Glaubensrichtungen und Weisheiten mit. Im Gegenzug nahmen diese Händler aber auch die Ansichten und Glaubensrichtungen der jüdischen und arabischen Welt mit in den Orient. Auch vertriebene Christen gaben ihre Erlebnisse im arabischen Raum weiter. So kam es dazu, dass neben Waren auch ganz automatisch ein reger Austausch von Glaubensinhalten und deren Weisheiten ganz automatisch gegeben war.

Nach dem Tod seiner reichen Frau, zog sich Mohammad in die Einsamkeit zurück und hatte nach langen Phasen der Meditation begleitet von Angstzuständen eine Erscheinung. Mohammad sah sich als ein Berufener Allahs. Er begann zu predigen und es gelang ihm, in einer Zeit der Unruhe und des Götzenhandels, rasch viele Anhänger zu bekommen. Da die Händler mit einer neuen Religion ihren Umsatz schwinden sahen, verfolgten und vertrieben sie ihn und er floh mit seinen Anhängern nach Medina. Als er dort ankam änderte sich seine Stellung drastisch. Aus dem eher armen und aus einem kargen Land stammenden Laienprediger wurde mit dem Einzug nach Medina ein religiöser Führer und politisches Oberhaupt.

In dieser Stellung kam er mit vielen Juden und Christen in Berührung und wollte, dass auch sie seine Stellung als politischen und religiösen Führer anerkannten, was sie aber nicht taten.

Bei diesen Auseinandersetzungen und der Weiterentwicklung seines Glaubens, war Mohammad von den reichen Erzählungen der Juden und Christen gleichermaßen angetan wie beeinflusst. So entwarf er, um seine Stellung zu untermauern, eine Art Prädestinationslehre, welche sogar die Blutlinie über Jesus bis zu ihm zeigen sollte.

Auch auf der arabischen Halbinsel gab es zu der Zeit einen sprießenden Götter- und Götzenwahn. In der Kaaba befanden sich nicht weniger als 360 Götzenbilder die alle verehrt und besänftigt werden wollten. In dieser Zeit entwickelte er, nach einigen Depression- und Meditationszeiten, eine eigene Religionstheorie und begann zu predigen. Da er jedoch für seine Theorien keine Beweise bieten konnte und weder Juden noch Christen ihn als Prophet anerkannten, entstand Feindschaft. Diese endete in einem von drei Kriegen. Fortan änderte Mohamad die Gebetsrichtung von Jerusalem nach Mekka.

Im Grunde bot der Islam jedoch nichts Neues an heilsbringenden Erkenntnissen mit sich. Im Gegenteil, er brachte lediglich von anderen Glaubensrichtungen gespeiste Verhaltensregeln, über das Zusammenleben von Menschen mit einer Gottheit. Wer glaubt befolgt. Für Moslems gab und gibt es nur einen Gott. Gott ist Allah, ein „Eineiner“, wie sie sagen und kann keine Trinität beinhalten. Dies sprach offen gegen einen dreieinigen Gott des Juden und Christentums, der aus Vater, Sohn und Heiligem Geist bestand.

Im Wesentlichen stützt sich ihr Glauben auf sechs Glaubensartikel. Diese versuchten sie überall im Land und auch uns zu verdeutlichen und mit Macht und Gewalt beizubringen:

Allah, der „Eineine“ der keine Frau noch Kinder hat und allmächtig wie allwissend ist.

Die Engel, sie haben verschiedene unterstützende Funktionen wie die vier Erzengel Gabriel, Israfil, Michael und Izrail. Es gibt auch zwei Verhörengel, Munkar und Nakir sowie sogenannte Dschinnen, das sind Wesen zwischen Menschen und Engel, die bei menschlichen Verfehlungen den „bösen Blick“ haben und strafen.

Die Bücher Allahs, den Koran, die Blätter Abrahams und andere Briefe der Bibel. Allerdings waren die Aufzeichnungen Mohammeds die letzten und somit wichtigsten Schriften, die über allen anderen standen.

Die Propheten, von denen es laut der Hadith über 124.000 gab, war Mohammad der letzte von Gott gesandte und somit der Wichtigste.

Der jüngste Tag, der Tag des Gerichts an dem bestimmt wird, wer in den Himmel und wer in die Hölle kommt. Ins Paradies kann nur, wer Allah und Mohammed gehorsam war.

Die Göttliche Vorherbestimmung, welche im Islam verankert ist. Alle Wege sind die Wege Allahs. Zudem beschäftigen sie sich Zuhause viel mehr mit der Hadith, also den Erzählungen der Urväter und der Sunna, den Bräuchen eines ordentlichen Muslim, welche in der Scharia enthalten sind, als mit dem Koran selbst.

Alles was Mohammad sagte und verbreitete und alles was daraus entstand, wie die Sharia, sind Weiterentwicklungen des ursprünglichen Glaubens und wurden somit zum täglichen Gesetz über Gut und Böse vor dem richtenden Gott, Allah. Mit diesem Gesetzesbewusstsein und all den unzähligen Regeln, durchdrangen und indoktrinierten sie jeden Teil unseres Landes. Alles was anders war, wurde als feindlich angesehen. Selbst die Trennung innerhalb des Islams, zwischen Sunniten und Schiiten, bremste diese Welle des Islamismus nicht.“

Er machte eine längere Pause. Ich kam mir schon wie im Geschichtsunterricht vor, sog jedoch jedes Wort auf, da es ja irgendwie auch die Grundlage meines Glaubens an Gott war. Wie oft lasen wir in der Bibel, die vor und nach Jesus entstand, und kannten die damaligen Örtlichkeiten und Gegebenheiten in keinster Weise. Das machte es mir auch oft so schwer, im Alten Testament zu lesen und dies umgehend in eine meiner heutigen Situationen widerspiegeln zu lassen. Wenn ich nur daran denke, welchen Stellenwert der Glaube im täglichen Leben der damaligen Menschen einnahm, dann kam ich mir heute fast höhnisch vor.

Wie oft sprach ich am Tag zu Gott oder wenn, wie lange tat ich das und in welcher Haltung? Es war schon lang her, als ich zum letzten Mal auf meinen Knien war. Respekt und eine tiefe Anerkennung stieg in mir auf, als Thomas so ausgiebig von seiner Heimat und dem Prinzip der Entstehung all unserer Glaubensrichtungen, aus denen wir heute so viel schöpfen, erzählte. Es war für mich ziemlich einfach heute einem Glauben beizutreten, sofern ich nicht dafür kämpfen musste. Dies hier war die Entstehung der Geschichte, zumindest der meines Glaubens. Der Gedanke an einen Kampf entstand nur noch in meinem Kopf mit meinen Zweifeln.

„Meine Eltern waren jedoch keine Muslime sondern Zoroasten, vielleicht besser bekannt als Parsen. Das war im Iran schon seit tausenden von Jahren die herrschende Religion. So lange, bis die Osmanen kamen und mit ihrer Lehre über das ganze Land herfielen. Das begann etwa 700 Jahre nach Christus.

Der Glaube meiner Ahnen, der Zoroastismus, existierte bereits, bevor es Moslems oder Christen bei uns gab. Er entstand auch lange vor dem Christentum und noch länger vor dem Islam. Es war etwa eintausend Jahre vor Christus, als in dem Land in dem ich später auch geboren wurde, im iranischen Hochland, nahe der turkmenischen Grenze, der Glaube meiner Urväter entstand.

Es war der Glaube an einen Schöpfergott. Ein Gott, der Himmel und Erde machte und über Gut und Böse entschied. Bei den Parsen gibt es im Grunde den Dualismus zwischen dem Guten, sie nennen ihn Ahura Mazda, der weise Herr, und seinem Gegenspieler den Bösen, Ahrimann, welcher böse Geister um sich schart. Ein eindeutiges Gottesbild wie im jüdischen Glauben gibt es dabei nicht. Allerdings würde am Ende eines jeden Menschenlebens über dessen Taten gerichtet. Jede Seele müsse nach dem Tode über die Brücke der Entscheidung gehen, um gerichtet zu werden. Entweder man hatte mit guten Werken die Schlechten aufwiegen können, dann kam man an den breiten Weg, oder man konnte das nicht und musste den schmalen Weg, der so schmal wie eine Messerklinge war, gehen. Was folgte war klar. Himmel oder Hölle. Es war im Prinzip eine ganz ähnliche Auferstehungslehre wie bei den Christen. Wenn auch gespickt mit allerlei kultischen Regeln, wie z.B. der Himmelsbestattung.

Um die Leichname nicht mit Irdischem zu verunreinigen, gab man sie in die „Türme des Schweigens". Das waren hohe Bauten, nach oben offen in denen die Körper gelegt wurden. Raubvögel nutzten dies, um die Körper zu zerlegen und zu fressen. Das war sogar bis in die 70 er Jahren noch Brauch. So lange, bis sich immer mehr Menschen darüber beschwerten, dass manchmal Leichenteile, die die Aasfresser fallen ließen, vom Himmel fielen.

Die Einigkeit der Elemente zwischen Feuer, Wasser, Erde und Luft wurde von den Parsen und deren Bräuchen als eine der ersten Religionen zugeschrieben. Das Feuer hatte dabei eine besondere Bedeutung. Das ewige Feuer, als reinigendes Symbol vor dem wieder andere Rituale und heilige Gesänge zelebriert wurden. So glaubten die Menschen an die reinigende Kraft des Feuers in Verbindung mit dem gesprochenen Wort, was ihnen auch den Namen *die Feueranbeter* einbrachte.

Wenn Du Dich nun an Deine Bibel erinnerst, wirst Du auch dort Parallelen mit dem gesprochenen Wort entdecken. Wie heißt es doch dort: *Gott sprach und es ward*. Insofern ist das Logos nicht nur im Christentum bekannt. Interessant dabei ist, dass das Judentum damals Begriffe wie Himmel und Hölle noch überhaupt nicht kannte. Erst durch den Zoroastismus und deren Verständnis darüber, bekamen diese Welten bei Juden einen völlig neuen Stellenwert. In den Büchern Daniel und Henoch sind diese Einflüsse gut zu erkennen. Wie gesagt, jeder beeinflusste irgendwie jeden. Das ist heute noch genauso wie damals. Gibt es doch auch in der Offenbarung den Hinweis auf ein jüngstes Gericht, an dem alle Menschen gerichtet werden. Was wäre auch ein Leben ohne Lebensinhalt, ohne einen Maßstab an dem man sich messen könnte. Wie sehr Gesellschaften pervertieren können, erkennst Du daran, wenn sie ihren Glauben an etwas Höheres verlieren und ihre eigenen Maßstäbe machen. Wenn jeder nur noch für sich verantwortlich ist gebiert das Härte und Kälte, Egoismus und Ichzentriertheit.

Menschen brauchen einen Sinn in ihrem Leben, den sie sich jedoch nicht selbst schaffen können. Erst mit dieser Sinnfrage kommt auch die Frage nach einem Schöpfergott, der diesen Lebenssinn, aber auch Begrenzungen unseres Handelns, ermöglicht. Es ist die Frage nach einem Sinngeber. Erst dieser Lebenssinn macht den Menschen glücklich.

Der heilige Augustinus sagte im fünften Jahrhundert nach Christi so treffend, dass die Unruhe im Herzen der Menschen erst aufhöre, wenn ihr Herz in Gott ruhe.

Da der Islam erst etwa 650 Jahre nach Christus an Bedeutung gewann, liegen seine Wurzeln tief in jüdischem und christlichem, gleich wie durch buddhistisches Denken beeinflusste Werte und Weltanschauungen, gegründet. Er brachte, außer dem Gesetz, nichts Neues.

Die Hinweise auf Jesus allerdings sollten Dich nachdenklich stimmen. Im Zoroastismus wird darüber wenig gesprochen. Es gibt auch dort eine Geisterwelt, wie bei anderen Religionen ebenso, die uns und unser Handeln beeinflussen. An Jesus allerdings scheiden sich bis heute die Geister.

Sagen doch die Juden, dass Jesus ein Gelehrter, ja vielleicht sogar Prophet war und lehnen dennoch die Sohnschaft mit Gott ab. Gleiches findest Du im Islam, der behauptet, dass Gott keine Frauen oder Kinder haben kann, da er ein Eineiner sei. Insofern lehnen nicht nur diese beiden, dem Christentum am ähnlichsten gearteten Religionen, Jesus ab; auch alle anderen tun dies.

Die Besonderheit liegt darin, was Jesus verkörpert. Alle Religionen verweisen auf ein höheres Wesen, die meisten sogar darauf, dass dieses Wesen eine Art Richterstellung über sie inne habe. Jesus ist da ganz anders und genau das passt nicht in ihr Bild hinein.

Denn wo ein Richter, da auch Nachfolger, die mit ihren eigenen Unzulänglichkeiten, bestehen müssen und das in der Regel nicht können. Das ist die Grundlage jeder ausbeutenden und durch Vorteilnahme gearteten Religion."

„Verstehst Du, was ich damit ausdrücken möchte, Martin", fragte er und schaute mir dabei tief in die Augen.

Ich musste nachdenken. Zu viele Informationen in zu kurzer Zeit. Juden, Moslems, Buddhisten oder Parsen, das waren Welten, in denen ich mich überhaupt nicht bewegte. Und doch spürte ich die Wichtigkeit dabei. Ich wusste schon, dass Jesus auch Eckstein genannt wurde, der, an dem sich vieles trennte, doch diese Dimensionen waren mir neu.

„Aber im Grunde glauben doch alle Menschen an das Gleiche, an einen Gott, der über allem steht und vor dem sie sich irgendwann einmal rechtfertigen müssen", sagte ich. „Ich dachte immer, es wäre nur die unterschiedliche Art und Weise wie sie das tun und das dies kulturell bedingt aber eher zweitrangig sei. Allah, Gott, Jehovah oder gar Manitu, wo ist da der Unterschied?"

„Das stimmt", sagte er, „es ist in der Tat zweitrangig wie und mit welchen kulturellen Eigenheiten wir diese Gottheit anbeten. Allerdings ist es erstrangig, was wir über Jesus Christus denken. Das ist das Entscheidende. Er verändert den Zugang zu unserer Gottheit komplett und trennt damit alle herrschenden Religionen. Mir selbst war dieser Zugang lange verwehrt. Ich war bereits als Kind voll von Ritualen, die unserer Gottheit gefallen oder missfallen. Eine ständig unterschwellige Angst beherrschte mich bei allem was ich tat. Es war die Einhaltung unserer Riten und Gesetze, gleich wie gute oder böse Taten, die das religiöse Leben ausmachte und darüber entschied, ob man schlussendlich gut oder böse war. Das war der Prüfstein für den Himmel oder die Hölle, in die man kam."

Ich dachte darüber nach, welchen Stellenwert Jesus für mich und mein Glaubensverständnis inne hatte. Ich wollte auch immer irgendwie gut sein und wog oft heimlich ab, welchen Stellenwert mein Tun vor Gott haben würde. Aber das macht doch jeder, sich an dem messen was man macht und welche Wirkung es auf andere hat, rechtfertigte ich im Stillen. kam Ich war doch nicht so weit weg mit meinem Glaubensverständnis wie andere auch oder nicht?

„In unserem Dorf gab es eine Familie, die von uns allen, egal ob Moslems oder Parsen, gemieden wurde", fuhr Thomas fort und unterbrach damit meine wandernden Gedanken.

„Sie waren Abtrünnige und daher duften wir nicht mit ihnen oder ihren Kindern umgehen. Im Grunde war es sowieso besser, nur mit seinesgleichen zusammen zu sein. Es waren Christen und sie hatten es, aufgrund ihres Glaubens, im Dorf sehr schwer. Dabei waren es nicht nur die Blicke die man ihnen zuwarf, auch wenn es darum ging, eine Arbeit zu bekommen oder Hilfe, in welcher Weise auch immer, dann standen sie meist hinten an. Andersartige und Fremde halt. Auch wenn man sie nicht mehr wie früher bekriegte, so ließ man sie doch spüren, anders zu sein.

Da mich das Fremde jedoch irgendwie anzog, hörte ich nicht auf meinen Vater und spielte dennoch ab und zu heimlich mit den Kindern dieser Familie. Sie waren gleichaltrig und nett und wir verstanden uns.

Eines Tages hörte ich, wie sich in deren Wohnzimmer, wir spielten in einem Nebenraum, mehrere Menschen versammelten. Ich bekam Angst. Wer waren diese Leute, Frauen und Männer zusammen in einem Raum, was bei uns schon mal undenkbar war? In unserem Haus hatte jeder seinen Platz und es wurde vermieden so etwas wie eine Art Gleichberechtigung zu zeigen. Unser Vater war der Patriarch und herrschte in gewissem Maße über uns. Das war für mich normal. Doch in diesem Moment, als sich die mir fremden Menschen versammelten, beobachteten wir durch ein kleines Loch in der Wand, wie sich Männer und Frauen einfach die Hände schüttelten und sogar gegenseitig umarmten. Ein Ding der Unmöglichkeit. Man gab einer Frau nicht die Hand, das hätte sie nur verunreinigt. Auch wenn das im Islamischen strenger gehandhabt wurde als bei uns, war es mir doch genauso fremd.

Aber es hatte etwas sehr herzliches an sich. Wir lagen auf dem Boden, spähten durch den Bretterspalt und waren mucksmäuschen still. Mein Spielkamerad kannte das schon, und er beobachtete die Szene nicht so gespannt wie ich. Vielmehr musterte er mich dabei schweigend.

Ich wollte es sehen, sehen was nun passiert. Auch wenn es verboten war, Kontakt mit Abtrünnigen zu haben. Wenn mein Vater oder jemand anderes das herausbekommen hätte, wäre womöglich der Anführer unserer Gemeinde gekommen und hätte mein Verhalten aber auch die mangelnde Sorgfaltspflicht meines Vaters streng verurteilt. Das bedeutete Schläge und Zucht. Doch das war mir in dem Moment egal.

Es waren etwa 15 Menschen, die in einem Kreis zusammen standen. Dann begannen sie zu singen. Doch es war keines unserer Lieder, mit der Theatralik eines Muezzins oder so wie wir die Suren zu singen pflegten. Es war anders, viel fröhlicher und frohlockender, sie lobten Gott. An das Lied kann ich mich nicht mehr erinnern, nur daran, dass sie alle sangen, klatschten und sich hin und her wiegten. Eine fröhliche Atmosphäre breitete sich dabei aus.

Mir gefiel das und ich konnte sogar mit meinen Füßen die eingängigen Takte rasch mitschwingen. Dann beendeten sie den Gesang und eine Frau begann zu beten. Wieder so eine unmögliche Sache, die bei uns niemals vorgekommen wäre. Wie konnte eine Frau, dazu noch ohne Kopftuch, denn sie alle legten es beim Betreten des Raumes einfach ab, zu Allah beten? Heilige Gesänge oblagen den Männern vor dem ewigen Feuer und sonst keinem. Das stand ihr doch überhaupt nicht zu, waren meine Gedanken. Aber ich wollte ganz besonders aufpassen, wie es nun weiter gehen würde."

Ich war total fasziniert von dem was er erzählte und konnte nur abwesend fragen: „und was betete sie dann"?

„So ein Gebet hatte ich noch niemals zuvor gehört."

Wie in Trance konterte ich mit einem „aha, wieso, was sagte sie denn."

„Es war unglaublich. Eine für mich völlig neue Situation und Erfahrung. Zuerst dankte sie für alle Menschen, die in diesem Haus waren und dass sie sich unbeschadet treffen konnten. Das traf mich wie ein Blitzschlag. Ich war auch in diesem

Haus. Meinte sie denn auch mich? Sie wusste doch nichts von unserer heimlichen Anwesenheit und doch fühlte ich mich direkt angesprochen. Ja, es war als dankte sie besonders dafür, dass ich, ohne ihr Wissen, im Nebenzimmer auf dem Boden lag und dies alles mit ansehen durfte. Fast zitternd sog ich jedes ihrer Worte auf. Sie dankte für die Familien der Anwesenden, dankte für den Ort in dem Gott sie wohnen lies, dankte für die Menschen um sie herum, auch wenn sie oft auf Ablehnung stießen und sie dankte dafür, dass sie ohne eigenes Zutun Gottes Kinder sein durften.

Das verstand ich nicht. Ohne eigenes Zutun. Man kann doch nicht einfach, ohne etwas Gutes getan zu haben, von Mazda geliebt werden. Es war ein Paradoxon für mich. Sie sprach die ganze Zeit von unverdienter Liebe für alle Menschen und schloss wörtlich sogar Parsen, Muslime und Juden mit ein. Nachdem sie zu Ende gebetet hatte, ergriff ein Mann das Wort und betete weiter. Das ging fast eine halbe Stunde so. Jeder betete und redete was ihm auf dem Herzen lag. Es wurden Bitten geäußert, Gott gelobt, und viel über Jesus und einen heiligen Geist gesprochen. Sie redeten diese sogar als eigenständige Personen an.

Ich sah mich einer Gruppe von Menschen gegenüber, die ganz direkt mit der Gottheit sprach. Sogar mit einer dreieinigen Gottheit, die für mich damals noch unverständlich war. Im Grunde kam es auch nicht darauf an, was sie genau sagten, das weiß ich heute überhaupt nicht mehr. Es war vielmehr die Situation, die mich fesselte.

Frauen und Männer dankten der Gottheit für ihre oft so schweren Situationen und beteten sogar noch für ihre Widersacher. Das verstand ich schon. Es war da kein Hass, keine Verurteilung oder Diffamierung sondern einfach eine Liebe zu Gottes Geschöpfen. Sie sprachen mit ihrem Gott so, als ob dieser im gleichen Raum anwesend wäre. Für mich waren Mazda wie auch sein Gegenspieler Ahriman, übersinnliche und teils gefährliche Geisterwesen, die eher straften als liebten. Schon gar nicht unverdient. Das passte nicht zusammen. Die Gruppe redete nach den Liedern und Gebeten über die Taten von diesem Jesus. Wie er auf die Erde kam, Gottes Sohn sein sollte und für unsere Sünden gestorben wäre. Viele Neuigkeiten drangen zu mir, die ich meist nicht deuten oder verstehen konnte. Dennoch war ich fasziniert.

Dieser Tag sollte mir unvergessen bleiben. Wir blieben so lange liegen, bis alle das Haus wieder verließen. Mein Freund wusste um meine prekäre Situation und meinte bei der Verabschiedung nur: *ich sage nichts*. Allerdings gab er mir noch ein kleines Büchlein mit auf den Weg. Es war abgegriffen, hosentaschen groß und enthielt auf persisch das Neue Testament mit Psalmen. Mit den Worten: *das lesen wir,* gingen wir wie verbündet, auseinander. Im Bewusstsein, etwas für unsere Verhältnisse verbotenes in der Tasche zu haben, schlich ich mich nach Hause und vollbrachte mein weiteres Tagwerk, um nicht aufzufallen. Allerdings interessierte mich das Büchlein so sehr, dass ich bei jeder Gelegenheit darin lesen musste. So begann ich heimlich, auf dem Feld oder wenn ich allein im Zimmer war, diese kleine Bibel zu studieren. Dabei sog ich das Evangelium regelrecht in mich auf und wurde von Vers zu Vers mehr angezogen. Noch nie hatte ich über so viel Liebe und Vergebung gelesen wie im Evangelium Jesu."

„Wow, das ist ja fast spannender als ein Krimi", gab ich von mir. „Bist Du denn überhaupt nicht aufgefallen, hat keiner bemerkt, dass Du ständig eine Bibel in der Tasche hattest, wie alt warst Du denn da überhaupt? Ich kann mir das überhaupt nicht vorstellen, unter solchen Umständen groß zu werden und dann noch irgendwie heimlich mit Jesus Christus in Kontakt zu kommen. Hattest Du denn tatsächlich eine reale und echte Begegnung mit ihm?"

„Doch", sagte er nachdenklich, „meine Mutter hatte einige Wochen später tatsächlich diese Bibel in meiner Hosentasche gefunden, als sie sie zur Wäsche nahm. Das war ein heikler Moment. Sie war eine folgsame Parsin und sowohl meinem Vater als auch unserer Religion sehr unterworfen, ja fast hörig. Es war egal was oder wie sie war, ihr Stand in der Familie und der Gesellschaft wurde durch das Wohlwollen meines Vaters definiert. Das war schon krass und doch hatte sie für uns Kinder immer einen besonderen Kanal offen.

Es passierte an einem Nachmittag, als ich die Schafe hütete, draußen auf der Wiese, weit ab von all den Häusern und Menschen, weg von all den ständigen Diskussionen über richtig und falsch und den heimlichen aber doch offensichtlichen Anfeindungen. Nicht nur Christen, auch wir als Parsen wurden von der damaligen herrschenden islamischen Obrigkeit unterdrückt, was überall zu spüren war.

Vater war in der Stadt etwas erledigen und Mutter kam aufs Feld, um mir etwas zu trinken zu bringen. Wir saßen beieinander und schauten stumm auf die Herde, als sie das Büchlein heraus zog und wortlos auf ihren Schoß legte. Sie schaute mich nicht an. Ich war damals etwa 13 Jahre alt. Mir schoss das Blut in den Kopf und ich wurde hochrot. Unfähig ein Wort darauf zu sagen, begann mein ganzer Körper zu zittern. Sie hatte es entdeckt. Jetzt ist es aus. Was sollte ich sagen, tun oder wie ihr begegnen?

Nach einer kurzen Zeit wurde mein Körper jedoch, wie von Geisterhand, völlig ruhig und entspannte sich. Die rote Farbe wich aus meinem Gesicht und ich spürte wie etwas in mir die Führung übernahm. Sowas hatte ich noch nie zuvor gespürt. Es war, als gäbe ich alles aus der Hand und wurde fast zu einer Art Zuschauer der Situation. Ich hatte überhaupt keine Angst mehr und sagte in ruhigen Worten zu meiner Mutter, dass ich Jesus Christus kennen gelernt hatte und er ganz anders wäre als man uns glauben machte. Sie hörte nur zu. Ich erzählte ihr von den vielen Stellen der Bibel in denen von einer Liebe von Gott erzählt wird, die keinerlei Anstrengungen oder Verdienste benötigte. Ich erzählte ihr von Jesus, der für unsere Schulden am Kreuz mit seinem Tod bezahlte und wir somit, bereits jetzt zu Lebzeiten, ein Anrecht auf den Himmel haben, wenn wir seine Liebe nur annehmen würden. Ich erzählte ihr, dass er all unsere Schuld vor Gott bereits beglichen und wir somit ein freies Leben, ohne Sünde und Schuld, mit Gott ganz persönlich leben, ja sogar mit ihm sprechen könnten. Ich schwärmte ihr vor, wie dieser Jesus für alle Menschen gleichermaßen ans Kreuz ging, da ihm alle Menschen, egal welcher Religion oder Herkunft sie waren, gleich wichtig und er sie über alles lieben würde.

Diese bedingungslose und hingebungsvolle Liebe sei nicht die, wie sie in unseren Schriften oder im Koran verkündet würde. Dort ginge es ständig um Gebote und Verbote, um Vorschriften und Regeln und darum, mehr gute Taten als schlechte zu tun. Einzig wichtig war, die Waagschale irgendwie im Gleichgewicht zu halten. Der Glaube an die zwei Engel, welche uns ständig in den Ohren lägen, rechts der Gute der uns ermahnen und links der Schlechte, der uns zur Sünde treibe, komme in der Bibel nicht vor. Das glaubten nur die Moslems.

Ich sagte ihr, dass diese Engel Hirngespinste von Menschen wären, die uns nur nie in wahrem Frieden mit Gott sehen wollten. Menschen unterwerfen sich gern. Genau das bedeute auch das Wort Islam - Unterwerfung. Doch der wahre Gott, den ich in diesem Büchlein kennenlernte, wäre ganz anders. Ich erzählte ihr alles, was ich beim Lesen und den unzähligen Gebeten der letzten Wochen erlebt hatte. Es muss über eine Stunde gewesen sein. Sie saß nur stumm da und hörte sich meine Worte an. Irgendwann während des Gesprächs nahm sie fast unbemerkt meine Hand und drückte sie.

Hin und wieder sah ich zu ihr hinüber und erkannte die eine oder andere Träne in ihren Augen. Sie weinte viel, auch früher schon. Oft aus Angst um uns oder wenn Vater sie mal wieder für ein Vergehen schlug, das er für unangemessen hielt. Es war damals nicht unüblich seine Frau zu schlagen, damit sind wir aufgewachsen. Sie war eine geduldige und starke Persönlichkeit. Ich hörte sie niemals weinen oder jammern, nur ihre Tränen, die konnte sie nicht für sich behalten. Meist war nur ein kurzer Blick nötig und wir alle wussten was wieder passiert war. Ich hatte einen Blick für ihre Tränen und sie zerrissen mir jedes Mal das Herz.

Doch die Tränen, die ich jetzt erkannte, waren anders. Ihr Gesicht verzerrte sich dabei nicht, sondern schien fast ein leichtes Lächeln wieder zu geben. Niemals zuvor sprach ich mit irgendeinem Menschen, auch nicht mit meinem christlichen Spielkamerad, den ich danach sowieso seltener sah, über meine Erlebnisse mit Gott. Es war fast wie ein Geheimnis zwischen Gott und mir.

Auch wenn ich nicht alles verstand was ich las, so schrieb mir ein Engel oder, ja sogar sicher, der Heilige Geist, etwas in mein Herz. Diese tiefe Liebe von Gott zu den Menschen, ja ganz persönlich zu mir, bekam in meinem kleinen und ängstlichen Herzen eine immer stärkere Präsenz. Die Worte, die ich zu meiner Mutter sprach, hatte ich mir nicht überlegt, ich war in keinster Weise vorbereitet, eher ertappt. Still hörte sie sich alles an und gab mir das Büchlein zurück.

Dann begann sie einfach zu beten:

Vater im Himmel, geheiligt werde dein Name, dein Reich komme, dein Wille geschehe, wie im Himmel so auf Erden. Unser tägliches Brot gib uns heute und vergib uns unsere Schuld, wie auch wir vergeben unseren Schuldigern. Und führe uns nicht in Versuchung, sonder erlöse uns von dem Bösen. Denn dein ist das Reich und die Kraft und die Herrlichkeit in Ewigkeit. Amen.

Das war ihre erste Reaktion. Doch woher kannte sie dieses höchst christliche Gebet? Uns wurde so etwas nicht beigebracht. Wir hatten eigene Gebete, die völlig anders waren. Vielleicht hatte ich ja einmal im Schlaf gesprochen, kam mir in den Sinn, denn das war stets mein Einschlafgebet, das ich nachts betete. Es wurde mir zu einem treuen Begleiter in vielen Situationen des Tages. Doch woher sollte meine Mutter das Gebet kennen und sogar auswendig zitieren?

Ich traute mich nicht, sie zu fragen, sondern fühlte mich in diesem Moment sehr mit ihr verbunden. Selten zuvor war das so innig. Als sie mit dem Gebet fertig war, bemerkte ich wie sich unsere Hände festhielten. Im Gebet vereint, auch mir kamen nun Tränen in die Augen und mein Atem wurde kürzer.

Sie sagte daraufhin nichts mehr, gab mir nur einen langen Kuss auf meine Stirn und ging zurück in unsere Hütte. Ich habe niemals erfahren, woher sie dieses Gebet kannte. Wir sprachen nicht darüber, denn es war ein großes Vergehen über solche Sachen zu sprechen.“

„Weißt Du Martin“, sagte er mit einem ganz tiefen und angenehmen Lächeln auf dem Mund, „das war mein erstes aktives Erlebnis mit der Dreieinigkeit, auch ohne es genau zu verstehen.

Die Situation mit meiner Mutter hätte auch völlig anders ausgehen können. Als folgsame Ehefrau hätte sie mich maßregeln und dem Vater melden müssen. Sie hätte völlig anders reagieren müssen als sie es tat. Und ich, wie war es mir möglich, so offen und frei über die Liebe von Jesus zu allen Menschen dieser Welt, auch zu mir und meiner Mutter, zu sprechen? Mit 13 Jahren, ohne eine Kinderkirche oder anderweitige Gespräche und Unterweisungen, in einem mir bislang völlig fremden Glauben?

Das konnte nur einer, der Heilige Geist, vollbringen, das spürte ich deutlich. Mit jedem Satz erkannte ich mehr von ihm in mir, erkannte die eigene Führungslosigkeit und doch das tiefe geführt werden durch etwas in mir. Es überwältigte mich so sehr wie nichts zuvor. Ich kannte zur Genüge die ausschweifenden theatralischen Gesänge, kannte auch die wundersamen Erzählungen der Ältesten, wie groß und stark unsere Gottheiten waren. Doch Gott so persönlich und ganz praktisch in meinem Herzen, ja sogar auf meiner Zunge, zu erleben, das kannte ich von unseren Göttern nicht.

Es war eine, *ich kann und muss überhaupt nichts tun*, Situation gewesen. Und ich darf Dir sagen, es war das Schönste, Ehrlichste und Authentischste, Sicherste und Liebste was ich bis zu diesem Zeitpunkt je erleben durfte. Das war nicht bloß ein Gefühl. Ich spürte Gott in mir. Nicht oben und weit weg, sondern er war da, ganz persönlich für mich und in mir. Kennst Du das auch?“, fragte er fast nebenbei und lächelte mich an.

„Hm, das ist nicht so ganz einfach zu sagen“, erwiderte ich um etwas Zeit zum Nachdenken zu bekommen. „Weißt du, wir haben in unserer Gemeinde diverse Gebetskreise, an denen ich ab und an auch teilnahm. Meist geht es darum, Gott zu loben und dann im Gebet für andere oder, wenn die Gruppen kleiner sind, sich selbst zu beten oder beten zu lassen. Dort haben wir schon die eine oder andere Gebetserhörung erleben dürfen.“

„Gebetserhörungen - aha“, sagte er und gab mir damit das Gefühl, dass ich mehr erzählen sollte.

„Ja, wir beteten z.B. für die Heilung eines Bruders, der schwer erkrankte. Das war eine sehr intensive Zeit. Wir schlossen uns sogar zu einer Gebetskette zusammen, die täglich zu einem bestimmten Zeitpunkt vor Gott trat, um für diesen Mann einzustehen und Gott um Heilung zu bitten. Dann wurde er auf einmal und ohne ärztliche Prognose, gesund. Das war für uns dann schon ein Zeichen Gottes.“

„Und wie oft habt Ihr gebetet und Eure Gebete wurden nicht erhört?“ fragte er. „Wie denkst Du über diese Gebete nach, waren sie umsonst?“,

„Na, umsonst sicher nicht, doch wer kann schon Gottes Plan und Willen wissen. Es steht uns auch überhaupt nicht zu, darüber zu richten, da es Gottes Angelegenheit ist, wie und wann er wirkt“, sagte ich fast rechtfertigend.

„Da hast Du sicher recht“, erwiderte er, „in der Heiligen Schrift steht, dass der Geist Gottes wirkt wann und wie er will. Aber was macht das mit Dir, wenn er nicht so handelt wie Du oder Ihr in Eurer Gebetsgruppe von ihm einfordert? Ist es nicht so, dass Du von Mal zu Mal enttäuschter warst und nach einer gewissen Zeit nicht mehr an sein Wirken geglaubt hast?“

Stimmt, woher wusste er das nur? Ich habe in der Tat viele Gebete für andere gesprochen. So haben wir es gelernt, was ihr in meinem Namen erbittet, wird euch zuteil. Das nahmen wir wörtlich und beteten auch für ganz praktische Dinge.

Die Vergrößerung unserer Gemeinde, die finanzielle Situation, wir beteten aber auch für Menschen in Krankheit und Bedrängnissen und um deren Heilung. Wenn ich mir das jetzt so vor Augen führe, dann haben wir oft für etwas gebetet.

Wunschautomat, schoss es mir durch den Kopf, mein Onkel sagte das immer.

Gott sei doch kein Wunschautomat, oben kommt Gebet hinein und unten erfüllte Wünsche heraus.

So habe ich das sicher nicht gesehen, doch wenn ich jetzt zurück denke, leider gelebt. Unsere Gebete waren voll von Bitten und Hilferufen. Wenn ein Gebet „erhört“ wurde, lobten wir Gott, wenn nicht, dann gingen wir rasch zum nächsten Problem über und beteten dafür. Damit wurde versucht, so viele positive Erlebnisse wie nur möglich zu bekommen. Es war, als würde man sich von Spitze zu Spitze, von Erfüllung zu Erfüllung, hangeln. Das wurde mir schlagartig bewusst.

„Martin, ich spüre was Du denkst und es ist der richtige Ansatz. Geh diesen Weg weiter. Ihr dürft Gott nicht an dem Maße Eurer Gebetserhörungen messen. Gott kann man nicht mit menschlichen Maßstäben ergründen. Das ist der große Fehler, den die meisten Religionen machen. Dadurch stülpen sie Gott einen Mantel über und geben ihm ein Gesicht. Wie paradox ist das nur. In der Religion meiner Eltern war das nicht so. Für den Schöpfergott gab es kein Gesicht, kein spezielles Bild.

Es waren die Geister Mazda und sein Widersacher und früherer Zwilling Ahrimann, die maßgeblich als Herrschergötter angesehen wurden. Im symbolisierten ewigen Feuer, das Mazda dem Guten zugesprochen wurde, sahen die Menschen eine Anbetungswürdigkeit. Der Unterschied zu den heutigen Religionen ist der, dass die Gottheiten niemals eine besondere Gestalt, ein Gesicht bekamen. Denn sobald wir unseren Göttern ein aus menschlichen Augen geformtes Bild geben, dauert es nicht lange, bis sich der Mensch auch darüber erhebt.

Wie beginnen denn die zehn Gebote?

Gott erkannte schon früh die Neigung der Menschen, sich über alles und jeden zu erheben, nur um das Selbstbildnis zu steigern. Menschen dominieren Menschen. Wenn Gott vermenschlicht wird, bleibt das nicht aus.

1. Ich bin der Herr dein Gott, du sollst keine anderen Götter neben mir haben.
2. Du sollst dir kein Bildnis noch Gleichnis machen…

Was glaubst Du, weshalb Gott diese beiden an die erste Stelle setzte und nicht das Gebot Vater und Mutter zu lieben oder auch das der gegenseitigen Liebe? Das ist der zentrale Punkt des Glaubens und der Liebe schlechthin. Denn von Gott allein geht diese Liebe aus, die wir in uns tragen und dadurch Menschen lieben und tragen können. Wir müssen Gott in seiner richtigen Stellung sehen und ihm nicht einen Platz, den wir für ihn bereit halten, oder der für uns nützlich ist, zukommen lassen.

Wenn ich Dich frage, ob Du auch schon einmal Gott in Deinem Herzen gespürt hast, dann meine ich nicht, ob Gott bereits für Dich etwas getan hat. Ob Gebete erhört wurden oder nicht, ob Du im Gottesdienst ein gutes Gefühl hattest oder nicht. Sondern ich frage nach der Gottesbeziehung in Dir. Danach, ob Du mit Gott in einer Beziehung stehst und nicht danach, wie oft er für Dich da war. Der Fokus liegt dabei mehr auf Dir als auf Gott.“

Darauf konnte ich nichts mehr sagen, denn ich fühlte mich überführt und vielleicht auch ein wenig ertappt. Stimmt, ich maß meine Gottesbeziehung meistens daran, wie oft ich betete und was aus diesen Gebeten wurde. In der Gemeinde wurde das ja auch hoch gehalten. Wer hatte welche Erlebnisse mit Gott in der letzten Woche? Wie oft wurde dann gesagt, dass für das oder jenes gebetet wurden, z.B. dass Kopfweh verschwinden solle, und Gott gelobt wurde, wenn der Betreffende sagte, dass die Schmerzen weg waren. Wir maßen in der Tat Gott mit unseren menschlichen Augen und hielten ihn hoch oder zweifelten mit unseren unwürdigen Herzen.

Um erneut von meinen Gedanken abzulenken, fragte ich Thomas, wie es nach dem Erlebnis mit seiner Mutter weiter ging.

„Martin, vielleicht hast Du es nicht recht verstanden, es war nicht nur ein Erlebnis mit meiner Mutter und ihrem unverhofften Verhalten, es war vielmehr ein Erlebnis, wie Gott in mir, aber auch in meiner Mutter, wirksam wurde. Denn Gott zeigte sich nicht nur in dem was und wie ich mich verhielt, sondern auch darin wie meine Mutter darauf reagierte.

Leider dauerte es nicht lange und mein Vater bemerkte meine Veränderung. Vielleicht waren es Gespräche oder mein geändertes Verhalten. Das weiß ich nicht mehr. Es kam jedoch der Tag, an dem wir über unseren väterlichen Glauben sprachen und ich ihm von Gott erzählen musste.

Natürlich konnte er es nicht verstehen, war außer sich und fand keine Antworten, die ihn für meine vermeintlichen Verirrungen besänftigen. Gewalt war, wie immer, das einzige Mittel, diesem Zorn Luft zu machen.

Schlussendlich blieb mir nur eines. Ich musste, auch um meine Familie vor den Ältesten aber auch den im Dorf herrschenden Islamisten zu schützen, von der Familie weg gehen.

Vielleicht war es eine Flucht nach vorn, aber in meinem Herzen war der Entschluss, meine Heimat zu verlassen um meine Familie nicht mit Schande zu bedecken, fest geworden. Zudem wollte ich meiner Mutter Feindschaften innerhalb der Familie ersparen. Natürlich wusste ich, wie sie darüber dachten und wollte sie nicht zwischen mich und die restliche Familie stellen. Wir waren uns vom Herzen so nah, auch wenn wir über den damaligen Nachmittag nur wenig sprachen. Ich spürte immer ihre Zustimmung für mich und eine tiefe Liebe die mich bestärkte, diesen Weg, auch wenn er so ganz anders war, zu gehen. So bin ich mit nicht ganz 14 Jahren und einem Bündel Kleidung auf dem Rücken losgezogen. Meine Reise dauerte über zwei Jahre, in denen ich zu Fuß, auf Zügen und Schiffen nach Europa kam. Dort wurde ich über ein Amt vermittelt und von der Familie aufgenommen, die Du als meine Eltern kanntest. Sie nannten mich Thomas, um mir den Einstieg in die Schule zu erleichtern. Damals und in unserer Stadt, waren Fremdenfeindlichkeit sowie die Angst vor dem Anderen, noch weit verbreitet.

Ich lernte rasch die deutsche Sprache und aufgrund meiner sowieso recht hellen Hautfarbe, fügte ich mich gut in die Gesellschaft ein. Dafür bin ich heute noch meinen Pflegeeltern überaus dankbar. Denn auch sie gingen mit „dem Unbekannten“, einem vielleicht nicht mehr formbaren 15 jährigen, ein gewisses Risiko ein. Dabei kam mir zugute, dass mein Pflegevater ein Germanistiklehrer war. Mit diesen Voraussetzungen konnte ich meine schulische Grundlage aus dem Iran mit der des hiesigen Schulsystems kombinieren und sogar studieren.“

„Sicher hatte neben meinem Pflegevater auch er seine Hand im Spiel“, sagte er und zeigte lächelnd mit dem Finger nach oben.

Ich stand auf und musste mir die Beine vertreten.

Was passierte hier gerade und wieso heute, nach so vielen Jahren? Meine Gedanken kamen, nein sie waren in voller Fahrt und konnten nicht mehr still stehen. Da war er wieder, der unhaltbare Wasserfall, die Gedankenflut, die keiner stoppen oder ordnen kann und ich fragte mich in der Tat, wie mein Gottesbild aussah.

Teezeit

Auch Thomas stand auf und vertrat sich ebenfalls die Beine, in dem er an unsere Bücherwand ging und sie musterte. Dann sah er auch Bilder und fragte: „sind das Eure Kids?“

„Ja, zwei wunderbare Söhne. Die sind nun in dem Alter, wie Du damals, als Du Deinem Kammeraden, in seinem Haus warst.“

„Sind sie gläubig und hast Du sie bereits taufen lassen?“

„Ja und nein, ich denke schon, dass wir sie in einem christlichen Glauben erziehen. Sie gehen auch gern mit in die Gemeinde und haben Spaß am Kinderprogramm. Doch taufen lassen, da wollten wir warten bis sie das von sich aus ansprechen.“

In unserer Gemeinde war es üblich die Erwachsenentaufe durchzuführen, quasi wie eine Lebensübergabe mit dem vollen Einverständnis und Bewusstsein des Täuflings. Kindertaufe wurde durch eine Kindersegnung ersetzt.

Wir selbst haben uns bei Aufnahme in die Gemeinde erneut als Erwachsene taufen lassen obwohl wir in unserer früheren Kirche schon als Kinder getauft wurden. Mit diesem Akt wollten wir nochmals ganz bewusst diesen Schritt vor Gott machen. Das sollte auch bei unseren Kindern gegeben sein.

Thomas ging zu seiner Jacke, holte ein kleines Päckchen heraus und brachte es mir mit den Worten: „Lust auf einen Tee?“

Ich packte das Päckchen aus und vernahm umgehend den aus dem Beutel hervor steigenden wohligen Geruch. Eifrig begann ich mit den Teevorbereitungen, Wasser aufsetzen, Tassen herräumen, Kanne bereitstellen.

Als ich ihn fragte, wie viel ich für eine Kanne brauche, meinte er nur: „mach wie Du denkst, er wird immer richtig. Es ist etwa so wie auf dem Jakobsweg. Der eine hat einen großen Rucksack und der andere einen kleineren, obwohl sie die gleiche Strecke gehen. Vielleicht sagt die Größe des Rucksacks ja etwas über den Menschen und seine Sorgen und Ängste aus. Beim Tee wird es ähnlich werden. Entweder er ist dünn oder kräftig… wir werden sehen“, sagte er schmunzelnd und studierte weiter die Bücher.

„Interessantes Material“, rief er aus dem Wohnzimmer in Richtung Küche. „Du beschäftigst Dich sehr mit dem Glauben und all den Sachen drum herum.“

„Ja“, rief ich zurück, „ich will ja wissen mit wem ich zu tun… oder besser gesagt, worüber ich mit anderen sprechen sollte.“

„Aha, mit wem Du es zu tun hast, und das lernst Du aus Büchern? Bist Du dort Gott begegnet“?

„Nein“, sagte ich etwas verlegen, „bin halt ein Kopfmensch und muss analysieren und studieren und so.“

„Das Problem ist dabei nur“, warf er ein, „dass je mehr wir Gott zu ergründen und zu erkennen suchen und uns ein Bild von ihm zu machen versuchen, wir ihn längst in unsere menschlichen Vorstellungen drängen. Das war schon bei meinen Urvätern so und ist heute noch das allergrößte Problem mit der Sicht auf Gott. Wer Gott schauen will, findet ihn nicht in von Menschen geschriebenen Büchern. Es werden dadurch lediglich die Vorstellungskräfte verstärkt und seine wahre Größe eingeengt.“

Bums, mit einem Satz hat er meine mir so wertvolle Bibliothek zunichte gemacht, dachte ich bei mir. Dabei war sie mein ganzer Stolz. Biographien, Romane, Fachbücher über alles Mögliche, auch über Gott, den Heiligen Geist und viele Bücher über Jesus. Doch standen sie in der Tat direkt neben Büchern über besondere menschliche Errungenschaften, der alten Brockhaus Sammlung und anderen Geschichtsbüchern.

Wenn Freunde zu Besuch kamen, standen sie immer ganz ergriffen vor unserer Bücherwand und wir erweckten damit sicher den Eindruck, besonders belesen und gebildet zu sein. Das gefiel mir. Es fiel mir nur nie auf, dass die Bücher über den Glauben dabei den gleichen Stellenwert wie andere Bücher einnahmen. Es sah ja auch gut aus, wenn zehn einfarbige Bibelkommentare nebeneinander standen.

Irgendwie verstand ich, worauf er hinaus wollte. War Gott nur ein weiterer Regalfüller geworden und wie war das in meinem Leben, was war Gott da? Aber was noch viel wichtiger war, welchen Stellenwert hatte er dort?

Thomas verstand es, wie früher auch, Dinge direkt auf den Punkt zu bringen. Was er sagte, brachte in mir so vieles zum Schwingen und Reflektieren. Ich spürte, dass etwas Besonderes von ihm ausging. Ich spürte in der Tat sein Charisma, bei jedem Wort das er von sich gab.

„So, ich denke der Tee ist nun fertig“, unterbrach ich meine Gedanken und brachte ihn an den Tisch.

„Hm, wie der duftet, wie heißt der Tee?“

„Den gibt`s nicht zu kaufen – Spezialmischung“, gab er lächelnd von sich.

Bereits beim ersten Schluck bemerkte ich seine wohltuende Wirkung in meinem Mund. Er vermochte all meine Geschmacksnerven anzuregen und breitete sich im Bauch fast wie eine warme Decke aus. Es brauchte nicht viel, keinen tiefen Zug oder so, es reichte nur ein wenig zu nippen und schon war dieser breite intensive Geschmack da.

„Wow, der schmeckt aber gut“, sagte ich lobend und konnte nicht mehr aufhören, daran zu nippen. Nebenbei zündete Thomas die auf dem Tisch stehende Kerze an und sagte leise: „Hüter des Feuers.“

Es verging eine Zeit und wir genossen den Tee, ähnlich wie unser Wasser zuvor, mit einer Intensität und Ruhe wie ich sie selten erlebte. Es war fast wie eine

Bremse des Lebensstromes, eine Art Entschleunigung. Dabei reflektierte ich seine Erzählungen. In einem muslimischen Land mit einer mir völlig fremden Religion aufgewachsen, als Kind schon eine fast unglaublichen Erfahrung mit Gott zu haben und dann die Trennung von seiner Familie. Die unbeschreibliche Reise quer durch die Welt, um hier in Sicherheit zu sein. Mit 14 Jahren! Was für eine Geschichte, nein was für ein Leben.

Wieder kam mir der Vergleich mit unseren Kindern und deren Freunden. Was war für sie wichtig und welchen Stellenwert hatten Schule, Glaube, Familie und der durch die Werbung immer stärkere Drang nach Selbstdarstellung durch Markenklamotten und Förderung der doch so wichtigen Spaßgesellschaft? *Chillen*, das Lieblingswort der heutigen Jugend, mein mir mittlerweile verhasstes Wort.

Ich musterte Thomas während meine Gedanken weiter wanderten. Er war ein einfacher Mann. Keine hervorgehobenen Kleider, keine teure Uhr, kein großes Auto oder so. Er war einfach nur er. Doch was er ausstrahlte war viel mehr. Ich sah in seinem Gesicht etwas wie Größe oder war es vielleicht Frieden? Manchmal, wenn ich ein großes Projekt beendet hatte, ging es mir so ähnlich. Es kam danach eine tiefe Zufriedenheit in mir hoch. Gleiches passierte wenn ich ein schwieriges Mitarbeitergespräch hinter mich brachte. Das verschaffte mir sogar eine gewisse Genugtuung und hob mein Ego enorm.

Doch der Ausdruck in Thomas Gesicht war anders. Es war mehr, es war sichtbarer Frieden. Ich musste ihn später noch fragen woher er das hatte. Mit welcher Berechtigung er ein so zufriedenes Gesicht machen konnte.

Doch zuvor war es mir ein Bedürfnis, ihm etwas von mir zu erzählen. Wie bereits darauf wartend, saß er zurück gelehnt am Tisch und sagte nichts.

Mir fiel es irgendwie leicht, in dieser Atmosphäre von meinem Leben zu erzählen und ich hatte das Gefühl, das jetzt der richtige Boden bereitet war, um ganz ehrlich zu sein. Das wollte ich tun und begann zu erzählen. Ich erzählte ihm von meinem Studium, der Ausbildung, meinen Errungen- und Leidenschaften. Davon, dass ich in der Firma eine Führungsposition und sogar Mitarbeiter hatte, die ich führen würde. Dabei kam auch die eine oder andere unschöne Begegnung hervor, als ich einmal wegen einem Mitarbeiter vor Gericht musste und wie ich mich darüber freute, als dieser endlich weg war. Meiner Ansicht nach hatte ich damals einen Zweikampf gewonnen, auch wenn er die Firma viel Geld kostete. Doch darum ging es nicht, im Grunde war es für mich eine persönliche Sache geworden. Er gegen mich und ich siegte.

Bei den Erzählungen hielt ich nichts zurück und versuchte mein striktes und konsequentes Handeln unwilligen und unmotivierten Mitarbeitern gegenüber zu rechtfertigen. Heroisch erzählte ich auch von einer anderen, siegreichen Auseinandersetzung und kam dabei fast ins Schwärmen. Je härter und geradliniger ich die

Ziele der Firma verfolgte, umso höher wurden meine Gehaltsklasse und mein Ansehen. Vor der Führungsspitze aber auch vor mir selbst.

Dadurch entstanden ganz neue Möglichkeiten der Lebensweise. Wir hatten ein Haus, ein Auto das mir die Firma stellte und Fahrräder sowie eine Unmenge an Spielsachen für die Kinder. Wir konnten es uns leisten mehrmals im Jahr Urlaub zu machen und wir hatten so ziemlich alles was wir für ein zufriedenes Leben brauchten. Und das nur, weil ich in der Firma so konsequent und geradlinig war.

Allerdings kam ich nach der Schwärmerei über meine weltlichen Errungenschaften auch auf den Punkt zu sprechen, der mich schon seit langer Zeit und insbesondere heute Morgen bewegte.

Ich sah in den Augen meiner Kinder und meiner Frau nicht mehr das, was sie einmal für mich waren. Das Feuer war irgendwie verschwunden. *Hüter des Feuers* kam mir in den Sinn. Ich sah nichts mehr in ihren Augen, vermutete jedoch eine Leere bzw. das etwas Wesentliches verloren ging.

Dann erzählte ich von mir und meinen persönlichen und privaten Gedanken. Ich erzählte ihm wie mich in der Firma eine Mitarbeiterin anmachte, mir ihr tiefes Dekolleté zeigte nur um beachtet oder vielleicht gefördert zu werden. Sie war sehr erfolgsorientiert. Als diese Mitarbeiterin bei mir jedoch keinen Erfolg hatte, wandte sie sich prompt meinem Vorgesetzten zu und versuchte mit ihm anzubandeln. Mir war klar, was da vor sich ging und ich zog, da ich die Macht hatte, die Reißleine und suchte einen Grund sie los zu werden. Es war Heilig Abend, als ich ihr emotionslos die Kündigung überreichte.

Und da war sie wieder, diese Siegerhaltung. Ich zündete mir danach sogar einen Zigarillo an, nur um ganz allein für mich den Triumph zu genießen.

Als ich dies jetzt Thomas erzählte, bemerkte ich allerdings, dass dieses vermeintliche Hochgefühl überhaupt keines war. Im Gegenteil, ich kam mir sogar fast schäbig vor, unabhängig davon, welche Gründe ich für mein Verhalten hatte. Der Firma wäre es gleich gewesen die Kündigung einen Monat später auszusprechen. Doch ich dachte nur ans Geld, wieder einen Monat länger Gehalt zahlen zu müssen. Dann auch noch an Menschen, die dies in meinen Augen nicht verdienten.

Ich musste einen Schluck von dem Tee nehmen, um meine Kontenance nicht zu verlieren, denn ich spürte bei der Erzählung schon ein leichtes Flattern in meiner Stimme.

Das passierte mir in der letzten Zeit häufiger. Manchmal, wenn es an bestimmte Themen die mich sehr bewegten ging, konnte es sein, dass meine Stimme schwankte.

Dann erzählte ich ihm von meinen heimlichen Gedanken und der Lust die mich immer wieder überkam. Sei es durch eine Kollegin im Betrieb, beim Autofahren, wenn ich eine schöne Frau erblickte oder auch sonst irgendwie. Es *triggerte* immer öfter und ich wusste weder wieso, noch wie ich dem begegnen sollte. Schließlich hatte ich eine wunderbare Frau und zwei herzlich geliebte Kinder zuhause.

Dennoch führte mein Weg auch über die eine oder andere Internetseite, welche diese Gedanken nicht nur unterstützten sondern förderten. Es war wie ein geistliches Kampffeld, das in mir war und über meine Seele und allem was mir heilig war, ausgetragen wurde. Der Weg vom Internetangebot zum *IRL*, also *im richtigen Leben*, ist dabei nur ein sehr kurzer.

All das sagte ich ihm sehr ausführlich und hielt auch nicht mit meiner Angst, diesen Kampf zu verlieren, hinter dem Berg. Wieso auch, ich wollte nichts mehr spielen und in diesem Moment, in dieser offenen und ungewohnt vertrauten Situation, endlich einmal vollkommen ehrlich sein. Ich wollte authentisch sein, auch wenn ich diesmal nicht so gut dabei weg kommen würde. Schließlich war mir, wenn auch nur in Teilen, bewusst, dass ich den Arzt brauchte.

Er hörte sich alles an, fragte nichts, nickte nur ab und zu und schien durch meine Worte, all die Ängste und Angriffe, nicht abgeschreckt zu werden.

Beim Thema Autoerotik und Familie hatte ich es noch in der Hand, wie ich damit umgehen sollte und in wie weit ich mich Anne gegenüber öffnete. Es war meine persönliche Sache, die ich mit mir und nicht mit meiner Familie ausmachen konnte, so war zumindest mein Gedanke. Es war mein Geheimnis aber auch mein Verhängnis. Dennoch trennte mich das alles irgendwie von Gott.

Dann erzählte ich von meiner heimlichen und tief in meinem Herzen wachsenden Angst. Es war die Angst vor Gott, denn die Furcht vor ihm hatte ich schon längst verloren.

Da ich wusste, das Gott in mir war, konnte ich natürlich auch verstehen, dass alles was ich sah, dachte und tat, ihm nicht verborgen blieb.

Das ist eine harte und nicht zu unterschätzende Tatsache. Alles was man sieht, alles was man denkt, alles was man tut. Dem Märchen „die Gedanken sind frei" habe ich noch nie zustimmen können.

Dennoch erzählte ich ihm ausgiebig davon, wie ich Angst vor seinem Urteil über meine Verfehlungen habe. Davon wie ich diese Liebe in mir nicht mehr spüren und ihre Präsenz nicht mehr fassen könne. Erzählte von meiner Angst zu kopflastig und auf fremden Wegen zu gehen. Wege, die meine Familie nicht kannte und somit auch nicht mitgehen, geschweige denn mit gestalten oder auch korrigieren könne.

Die Liebesbeziehung zu Anne war ungebrochen, dennoch war uns irgendetwas abhanden gekommen. War es nur die tiefe und offene Vertrautheit, uns gegenseitig alles zu sagen was uns bewegte oder auch unser ganz praktisches Liebesleben, das sich langsam aber sicher in Routine aufzulösen schien.

Natürlich gab es durch eine wachsende Karriere mit Familie, Finanzierung und all den Herausforderungen manchmal eben keine Zeit und die Prioritäten lagen dabei oft auf anderen Dingen. Der Gedanke „das wird schon wieder" kann einen lange Zeit über Wasser halten.

Dennoch war es interessant, dass meistens diese erotischen Gedanken kamen, wenn ich mit mir alleine war. Sie kamen nicht wie früher mit oder durch Anne, sondern in der Ruhephase nach hektischen und stressigen Tagen oder Wochen oder sogar oft nach dem Triumpf, über eine Situation gesiegt zu haben, einmal auch direkt im Gericht. Es war fast wie eine geistliche Belohnung die ich mir ausmahlte, nachdem ich diesen Prozess gegen einen Mitarbeiter gewonnen hatte.

„Verrückte Gedanken", war anfangs meine Reaktion, doch wie gesagt, der Weg zwischen Vorstellung und Verwirklichung ist nur sehr kurz. Wenn man sich bereits im Netz der Fiktion befindet, ist die Sünde *IRL* nicht mehr viel größer, was den Weg dorthin vereinfacht. Was mich jedoch dabei beängstigte war, wie leicht ich diese Gedanken zu rechtfertigen suchte und auch konnte.

Ja, ich hatte Angst vor Gott und seinem Zorn, der letzte Richter in meinem Leben. Seither konnte ich zwischen diesen Leben gut jonglieren. Doch Gott war nicht so einfach in eine Ecke zu drängen, wie ich es mit meiner Familie oder meinen Selbstbestätigungen machte. Gott war in der Tat umfassender.

Ich erkannte bei meinen Erzählungen selbst, wie die Differenzen zwischen dem orientalischen und dem europäischen Glaubensverständnis, Sünde zulässt.

Thomas hatte es ja gesagt, im Orientalischen ist der Glaube und Gott um alles herum und beeinflusst jedes Denken und Handeln. Bei uns ist er oft leider nur ein Nebenspieler. Ein Teil und nicht ein Ganzes. Mit unserem Willen und dem Drang nach Selbstverwirklichung müssen wir ihn in eine Ecke stellen, das ist doch klar. Autonomie meines Lebens, in das niemand hineinsprechen darf. Auch ich habe gelernt, ihn oft genug auszublenden.

Nachdem ich vor Thomas ganz schonungslos alles was mich bewegte ausbreitete, im Prinzip zog ich meine Hosen runter, war ich auf seine Reaktion gespannt. Wie würde er nun über mich denken oder urteilen? Sicher hätte er das hinter meiner so sauberen Fassade nicht vermutet. Wir pausierten wieder und ich goss, bestimmt zum dritten Mal, den leckeren Tee, der von Mal zu Mal besser zu schmecken schien, nach.

„Wie war und ist Dein Verhältnis zu Deinem leiblichen Vater", fragte er nach einem Augenblick der Stille.

„Ich weiß schon, was Du sagen willst", fiel ich ihm ins Wort. „Ein schlechtes Verhältnis zu meinem Vater lässt auf ein schlechtes Verhältnis zum Vater im Himmel schließen. Doch dem war nicht so, wir hatten ein gutes Verhältnis!"

„Und doch versuchst Du mit all Deinem Erfolg und Errungenschaften ihm etwas zu beweisen, oder nicht? Es geht doch im Grunde überhaupt nicht darum, ob ihr ein gutes oder schlechtes Verhältnis hattet. Es geht darum, wie Du die Beziehung zu ihm heute siehst“, sagte er.

Dabei hatte er tatsächlich recht. Trotz des guten Verhältnisses von früher, habe ich oft versucht, mir seine Achtung zu erarbeiten. Wollte, dass er sieht, was ich alles geleistet habe und auch, dass er stolz auf mich ist. In mir war ständig ein Gefühl des nicht angenommen seins, welches ich mit Leistung auszugleichen versuchte.

„Doch es hat nicht geklappt“, sagte er etwas süffisant, „stimmt`s?“

„Genau, immer wenn ich dachte, dass er doch genau darauf stolz sein müsse, kam gar nichts. Das demotivierte mich auf der einen, trieb mich aber auf der anderen Seite weiter an, noch mehr Leistung zu erbringen Aber auch die bemerkte er nicht, was mich dann wieder entmutigte. Das geht schon lange so hin und her.“

„Hast Du mit Deinem Vater einmal darüber gesprochen“, fragte er.

„Nein, das habe ich nicht. Er hätte doch selber sehen müssen, wie wichtig mir seine Anerkennung war. Das hätte doch von ihm und nicht von mir ausgehen sollen“, gab ich trotzig zur Antwort.

Als guter Analytiker erkannte ich aber auch umgehend, wo hier der Fehler lag: mangelnde Kommunikation. Ich erwartete etwas von jemandem, ohne ihn darüber in Kenntnis zu setzten und war enttäuscht wenn diese Erwartungen nicht eintrafen. Blöd, in der Tat.

Wie oft habe ich das schon gehört. Wenn wir unter Freunden zusammen saßen und hin und wieder über unser Liebesleben sprachen. „Meine Frau kann das nicht oder macht jenes nicht gern“, oder „Ich fühle mich unverstanden und hab Angst vor Gleichförmigkeit.“ Einmal sagte mir ein Freund, dass seine Gedanken und Phantasien viel weiter gingen als die von seiner Frau.

Wie oft habe ich dies nur belächelt und mir darüber keine Gedanken gemacht. Unter all dem Druck der Firma und den Herausforderungen in der Familie, konnte ich das gut verdrängen. Unbemerkt übersah ich aber schon lange, dass es mir doch im Grunde nicht viel anders ging. Meine Gedanken rasten wieder von einer Ecke zur anderen. Immer deutlicher erkannte ich, dass ich überhaupt nicht so weit davon entfernt war, eine Situation wie mein Freund zu erleben.

Mein Onkel sagte mir einmal folgenden Satz: „Der größte Fehler, den Führungskräfte machen können, ist, nicht zu sagen, was sie wollen und erwarten.“ Dann sagte er noch, dass dies bei Gott ganz genau so wäre, nur umgekehrt.

Damals konnte ich mit dem Satz nicht viel anfangen, schließlich muss ja jeder wissen, was er zu tun hat. Es gibt Stellenbeschreibungen und noch vieles mehr.

Doch bezog sich dieser Satz überhaupt nicht auf die grundlegende Arbeit an sich, sondern vielmehr auf das darüber hinaus. Das erkannte ich damals nicht. Sicher macht jeder zu 80% seine Arbeit selbständig und routiniert. Diese Arbeit ist es auch meist nicht, die kritisiert wird. Es sind die letzten 20 %, die Herausforderungen und Fehler beinhalten. Gerade über diese letzten 20%, die Spitzen der Aufgaben, sollte eindeutiger und intensiver gesprochen werden.

Genau so ist es mit unserem Partner. Zu 80% weiß jeder was er zu tun hat. Die Dinge sind eingespielt, Rollen verteilt, auch im sexuellen Bereich ist das meist so. Doch was eine Beziehung ausmacht, sind nicht nur die alltäglichen, vielmehr die nichtalltäglichen Dinge. Die Spitzen und Täler unseres Lebens sind die Markierungspunkte unseres Wirkungskreises. Daher ist es unumgänglich, nicht nur etwas zu erwarten, sondern darüber zu sprechen.

Beim Vater im Himmel ist das nicht anders. Wir wissen, dass es einen Gott gibt! Wow, was für eine Tatsache. Es gibt einen Schöpfergott, der die Welt und alles andere, auch mich, gemacht hat und möchte, dass ich an ihn glaube.

Ok, kein Problem, das habe ich verstanden und kann es auch so unterschreiben. Erlöst. Und nun? Krampfhaft versuchen wir diese letzten 20% mit unserer Vorstellung auszufüllen, was unser Vater nun von uns erwartet. Ein koscheres Leben, wertvolle Verhaltensethiken, im Brief an die Galater habe ich davon gelesen. Das hörte sich für mich fast an, wie eine Anleitung zum Gutmensch. Eine Liste, die ich abzuarbeiten habe, um vor Gott gut da zu stehen.

Das ich auf dem kompletten Holzweg war erkannte ich erst jetzt, als Thomas mich lächelnd fragte: „hast Du schon mal mit Deinem Vater darüber gesprochen?"

Auch der Rat meines Onkels, den Menschen zu sagen, was man von ihnen erwarte, passte nun in dieses Bild. Ich kommunizierte falsch. Aber was noch viel wichtiger war, ich wollte überhaupt nicht wissen, was mein Vater zu sagen hatte. Alle Bemühungen gingen ständig von mir aus. Ich war es, der meinem leiblichen Vater vorschreiben wollte, was er an mir anzuerkennen hatte und was nicht.

Und so war ich es auch, der meinem himmlischen Vater vorschreiben wollte, durch welche Eigenschaften und Guttaten er mich zu lieben hatte.

Was für einem Irrglauben unterlag ich nur? Ich war ständig der Meinung gewesen, diese letzten 20% selbst ausfüllen zu müssen und fragte überhaupt nicht nach. So wie ich einem Mitarbeiter diese letzten 20 % hätte erklären sollen, genau so hätte ich sie mir in meinem Glaubensleben von Gott erklären lassen sollen. Hätte ihn fragen und nicht ihm vorschreiben sollen, wie ich dies bewerkstelligen könnte. Ich suchte nicht das Seine, sondern zwängte ihn in das Meine. Das war ein großer Irrtum, den ich in diesem Moment erkannte.

Thomas sagte: „Kommunikation geht immer in beide Richtungen, leider sehen wir meist nur die eine. Das bringt uns oft in einen unangemessenen Zugzwang, den wir mit unseren weltlichen Vorstellungen, zu befriedigen suchen. Wenn Du Deiner Frau nicht sagst, was Du magst und was nicht, wie soll sie sich dann verhalten? Sicher muss die Kommunikation von beiden ausgehen. Eine falsche Erwartungshaltung ist dabei unangemessen. Du wirst nur enttäuscht werden. Doch dabei passiert noch etwas anderes, viel schlimmeres, was Du noch überhaupt nicht beachten konntest.

Der Böse wird sich diese Enttäuschungen zu Nutze machen, um Dich in Deinem Irrglauben weiter zu bekräftigen. Es ist nicht so, dass nur Du über Dich bestimmen kannst. Auch das ist ein Irrglauben. Wie Du bereits bemerkt hast, versteht es z.B. die Werbeindustrie hervorragend, Menschen in ihrem Kaufverhalten zu beeinflussen. Genau so werden wir, sobald wir in den Bereich der Enttäuschung kommen, vom Bösen weiter beeinflusst. Er bedient sich dabei eines Tricks. Denn er nimmt die Kraft Deiner Enttäuschung und macht sie sich zu Nutze. Das kostet ihn nichts, Dich aber alles. Das ist das Geheimnis des Teufels.

Er selbst muss überhaupt nichts einsetzen, um in uns wirken zu können, diese Vorlage geben wir ihm ganz von selbst. Deshalb ist es so ungemein wichtig, zu erkennen, dass diese letzten 20%, egal ob in unseren weltlichen Beziehungen oder aber in der Beziehung zu Gott, nicht von uns ausgemacht werden. Und es ist noch viel mehr, denn Gott will nicht nur diese letzten 20% ausmachen, sondern alles, doch das erfahren wir erst wenn wir beginnen."

Seine Worte verfestigten, während einer längeren Gesprächspause, meine bereits vermuteten Unzulänglichkeiten. Ja, ich war es, der 100% geben wollte und auch die letzten 20% von den anderen erwartete. Bei Gott verhielt ich mich nicht anders. Ich fragte ihn nicht, sondern interpretierte nach meiner geistlichen Reife. Wie borniert sich das nun anfühlt.

Der fahle Geschmack machte sich wieder in meinem Mund breit, ich suchte nach dem Teebecher.

„Martin, ich möchte Dir gern eine Frage beantworten, die Dich die ganze Zeit schon bewegt."

Welche Frage denn, dachte ich so bei mir, bis es mir wieder einfiel. Es war dieser tiefe Frieden auf seinem Gesicht, der mich die ganze Zeit schon beeindruckte. Dieser selbstsichere und tief erlöste Ausdruck, der von ihm ausging, machte es unmöglich, ihm je in irgendeiner Weise böse zu werden.

Ich kannte diesen Gesichtsausdruck seither nur von wirklich erfolgreichen und in sich gegründeten Menschen. Menschen, die etwas geleistet hatten und über ihrem Triumph stehen konnten, was für mich auch erstrebenswertes Ziel war.

Allein die Aussage: „der hat`s geschafft", oder: „dem passiert auch nichts mehr", beflügelte mein Engagement in diese Richtung.

„Du fragst Dich, wie ich so zufrieden sein kann, stimmt`s? Das möchte ich Dir gern sagen, hole dabei aber ein bisschen aus.

Bei dem Gespräch damals mit meiner Mutter, wurde mir schlagartig klar, was mein Leben ausmachen sollte. Nicht das, was ich zu geben hatte, das war sowieso nicht viel, sondern das, was er aus mir machen wollte, das wollte ich zulassen und mich ihm hingeben. Nachdem ich erlebte, wie sehr er in meinem Leben ganz praktisch wirksam werden konnte, war das mein neuer und einziger Fokus. Mehr von ihm zu erleben war mein Bestreben.

Als ich von Zuhause auszog und den Weg bis nach Europa antrat, konnte ich mich auf nichts verlassen. Ich hatte nichts, kein Geld, nur was ich auf dem Rücken trug und ging in eine Zukunft, die ich in keinster Weise überblicken konnte. Voller Gefahren und in eine mir unbekannte Welt, die sicher nicht nur mein Bestes wollte. Einzig und allein der Glaube, dass es richtig war, die Liebe an einen mir noch unbekannten Gott den ich bereits erleben durfte und die Hoffnung, dass er mich auf diesem Weg führen würde, war mein Begleiter. Keine weltlichen Hilfsmittel oder menschliche Fähigkeiten, es war nur der geistliche Beistand, auf den ich mich verlassen konnte.

Bei dieser Reise habe ich Gottes Wirken auf so vielfältige Weise erfahren dürfen, wie ich sie nie erwartet hätte. Sei es bei der Wahl eines Schlafplatzes, woher ich das nächste Essen bekam oder wenn ich mal bei einer Familie unterkam, sorgte er stets dafür, dass sie nur mein Bestes wollten. Diese praktischen Lebensschritte entwickelten sich von Mal zu Mal zu täglichen Glaubensschritten. Ich durfte lernen, aus dem Glauben zu nehmen.

Fälschlicher Weise denken Menschen schon immer, dass sie durch den Glauben an irgendeine Gottheit, zu Leistung verpflichtet sind. Schon immer wurde geopfert und doktriniert, nur um Gunst zu gewinnen. Sie versuchen, sich dessen Liebe, so auch einen Platz im Himmel zu erarbeiten. Damit setzen sie ihre Fähigkeiten über seinen Willen, den sie, je mehr sie sich anstrengen, dabei immer weniger erkennen.

Auch dies ist der Trick des Bösen. Die Anstrengungen der Menschen hoch zu halten, um sie dadurch von ihrem Gott zu trennen, ohne dass sie es selbst bemerken. Ihre Borniertheit wird dabei zu ihrem größten Stolperstein und verhindert zugleich jegliche Korrektur. So spielt der Böse den Menschen gegen sich selber aus.“

Ich erkannte mich in jedem seiner Worte wieder. Was habe ich mich angestrengt, nur um zu erreichen, was ich mir selbst zum Ziel gesteckt hatte. Anstrengung ist die Vorstufe von Versagen und Versagen die Vorstufe von Angst. Angst bietet dann den Nährboden für Kälte und Härte, die der Widersacher auszunutzen weiß. So war es bei meinem leiblichen Vater auch. Ich wollte beweisen ohne zu fragen, denn ich hielt mich für fähig, was mich in gewisser Weise auch einsam machte. Durch all diese Bemühungen bemerkte ich seine Liebe, die er für mich hatte, überhaupt nicht mehr. Ich wollte geliebt werden wegen meiner Leistung und übersah dabei beständig seine Liebe, die er seit meiner Geburt für mich hatte.

Das war bei meinem himmlischen Vater nicht anders. Diese letzten 20 % wollte ich selbst ausmachen. Es ihm beweisen, dass ich würdig war sein Kind zu sein. Dabei entfernte ich mich ständig. Denn ich sah das, was er eigentlich von mir wollte, überhaupt nicht mehr. Im Gegenteil, ich verlor langsam aber sicher den Draht zu ihm. All meine Anstrengungen behinderten unsere Kommunikation und entfernten mich. Das war die Situation, in der ich mich zurzeit befand. Selbstbestimmt und doch im Bewusstsein, auf dem falschen Weg zu sein. Die Entfernung von meinen Kindern und meiner Frau waren nur ein Teil dieser Auswirkungen. Die Stille in der Kommunikation mit Gott, ein weiterer.

Er sprach weiter: „weißt Du, ich habe kein Haus, nicht viel Geld, habe keine weltlichen Errungenschaften vorzuweisen, noch fahre ich ein großes Auto. All das habe ich nicht.

Nach unserem Studium zog es mich nicht in die Wirtschaft, um dort Karriere zu machen. Das Studium diente mir eher dazu, mein Lernverhalten zu schärfen, als nur Wissen anzuhäufen um damit eine gute Position zu ergattern. Wobei ich das in keinster Weise verurteile, versteh mich bitte nicht falsch. Wir haben ein Leben geschenkt bekommen und das sollten wir, so gut es uns möglich ist leben, ja sogar erleben und dabei fröhlich sein. Dieses Leben wurde uns nicht geschenkt, um trübsinnig und lethargisch vor uns hin zu vegetieren.

Gott ist Leben. Leben mit allem was dazu gehört. Leben mit allen Höhen und Tiefen.

Die Frage ist nur, lassen wir ihn auch die letzten 20% unseres Lebens ausmachen, oder versuchen wir diese für uns zurück zu behalten? Quasi unser Eigenanteil an unserem Heil. Oder darf er unser ganzes Leben beeinflussen? Meinst Du wirklich, dass sich Gott mit 80 % abspeisen lässt? Was in der Welt Sinn macht, hat vor Gott keinen Bestand.

Bei meiner Reise hierher habe ich erkannt, nichts bieten oder haben zu können, um seine Liebe zu ernten. Bei meinem leiblichen Vater war das nicht so. Für ihn waren stets unsere Taten maßgebend. Ob wir artig waren, folgsam und fleißig. Wenn ich mich besonders anstrengte, bekam ich vielleicht, sofern er gut gelaunt war, einen zustimmenden Blick geschenkt. Seine Achtung zu bekommen war mühsam und wohl ganz im Sinne seiner Religion. Dem Anhäufen und Bemessen von guten und schlechten Taten.

Daraus mache ich ihm keinen Vorwurf, im Gegenteil, ich habe auf meinem Weg eine ganz andere Liebe erfahren und durch meine Vergangenheit auch vergleichen können. Insofern darf ich dankbar sein.

Diese Liebe von Gott ist eine unverdiente und geschenkte Liebe, die nicht erarbeitet werden kann. Von Tag zu Tag, von Woche zu Woche, lernte ich, mich mehr auf diese Liebe zu verlassen. Ohne den ständigen Austausch mit Gott, ohne die Kommunikation in beide Richtungen, wäre dies unmöglich und ich auf dem Weg nach Europa mehrfach umgekommen.

Heute weiß ich, dass mein himmlischer Vater alles für mich vorbereitet hatte. Meine Kindheit, die Wanderung, meine Pflegeeltern genauso wie das Studium und auch unsere Freundschaft. Alles ging von ihm aus, schon immer – weil ich ihn gelassen habe. Meine Genugtuung liegt darin begründet, dass ich, als Königssohn Gottes, seine Liebe stets in mir trage. Das erhebt mich. Was könnte mir mehr geschenkt werden als das? Ich habe alles, denn mein Vater hat alles. Die Sonne, die Wärme, den Tag genau so wie den Regen. Alles gehört Gott, der es gemacht hat. Die blühende Wiese, die manche Menschen überhaupt nicht mehr sehen, genauso wie das Wasser, das wir heute Morgen trinken durften. Mein Vater hat uns dies ermöglicht und das macht mich froh und glücklich.

Glaub mir, wenn Du nach zwei Tagen ohne Essen an einem vollbehangenen Apfelbaum vorbei kommst, dann weißt Du was ich meine. Dann bekommt schon ein einzelner Apfel einen völlig anderen Stellenwert. Denn erst die Zeiten der Dürre ermöglichen es uns, das Volle zu erkennen.

Der Unterschied bei Dir ist, dass Du auf einer anderen Ebene, jedoch durch die gleichen Motivatoren, dem Ideal Deiner werbeverzogenen Kinder zu folgen versuchst. Zwar mit einem anderen Maßstab, dennoch sehr ähnlich. Das heißt, Du bemisst Dein Wohlgefühl an den Errungenschaften, die Du Dir hart erarbeitet hast.

Doch das sind alles nur vergängliche und weltliche Ablenkungsmanöver von dem tatsächlich von Gott gegebenen Wesentlichen. Du folgst falschen Zielen nach und das führt Dich auf einen Weg, den Du nicht mehr mit Gott gehst. Oder wann hast Du ihn das letzte Mal ganz ehrlich gefragt, was er denn von Dir möchte?“

Als ich so darüber nachdachte hatte, kam mir der Gedanke klar in den Sinn. Ich wusste doch immer selber was Gott von mir wollte bzw. was vor Gott richtig war. So dachte ich zumindest. Meine Stellung als Vater und auch als Vorgesetzter ließ ein Hinterfragen nur selten zu. Ich musste wissen, was richtig und was falsch ist. Ob Zuhause, im Beruf oder wo auch immer. Das wurde Teil meiner Persönlichkeit und ja, es dominierte tatsächlich auch mein Gottesbild.

Aber was für ein Gottesbild hatte ich überhaupt?

80/20?

In der Tat hielt ich mich für gläubiger als manchen anderen und doch befürchtete ich das, was Thomas nun sagte. Es war mir im Grunde schon immer bewusst. Aufgrund der vielen Dinge und Aufgaben die ich im Leben meistern musste, konnte ich auch mein Gottesverhältnis gut einordnen, ohne dabei für mich allzu borniert zu wirken.

Ob ich eine solche Reise, wie Thomas sie machen musste, überhaupt durchgestanden hätte? Wir waren schon sehr verwöhnt. Vielleicht war es das, was mich an einer echten Gottesbeziehung hinderte, meine mir selbst geschaffene und so lieb gewonnene Komfortzone.

Thomas hatte diese Komfortzone auf seiner Reise nicht. Er lebte von der Hand in den Mund und musste sich dabei voll und ganz auf Gott verlassen. Bei uns war das anders. Gott existierte schon, doch irgendwie neben uns. Ich suchte ständig einen Platz, an dem ich ihn sehen konnte. Am besten war das natürlich in der Kirche. Da war Gott irgendwie präsent und lebendig.

Thomas sprach weiter: „Hast Du Dir schon einmal überlegt, in welchem Netz Du Dich befindest? Welchen Dingen Du gerecht werden musst in Deinem Leben und welche Dinge Dich ausmachen? Wenn Du alle Verpflichtungen auflisten müsstest, wie viele wäre das dann?

Es sind im normalen Leben so viele Dinge um den Menschen, dass es oft schwer wird, sich tatsächlich zurück zu nehmen. Was glaubst Du, warum die Klöster gerade in dieser Zeit oft so überfüllt sind? Wir leben in der westlichen Welt in einem Überfluss der kaum noch zu übertreffen ist. Hunger und Krieg sind schon lange keine Themen mehr, dennoch ist es die Zeit, in der Angst ein beherrschendes Thema ist. Ob vor der Zukunft allgemein, um den Arbeitsplatz oder Beziehungsängste, die Angst vor Armut ist überall. Menschen suchen Auszeiten und Ruhezeiten, weil ihre tolle Welt oft zu viel für sie ist.

Du kennst das Gefühl, oder? Es sind diese Momente, in denen man in einer Phase der Lethargie versinken kann ohne genau zu wissen, woran das liegt. Kannst Du wirklich durch mehr Leben mehr leben, oder ist vielleicht gerade die Umkehrung zu weniger mehr?

Doch durch die vielen Dinge um Dich herum ist eine wirkliche Begegnung mit dem Göttlichen überhaupt nicht mehr möglich. Dabei hast Du es direkt vor der Nase. Er ist der Schöpfergott. Alles was Du siehst hat er direkt oder indirekt erschaffen. Dein Problem ist nur, dass Du aus Deinem selbstgestrickten Netz heraus, dies nicht mehr erkennen kannst.

Warst Du nicht früher mit Anne auf dem Berg, um den Sonnenuntergang zu sehen? Kannst Du Dich überhaupt noch daran erinnern, wann Du das letzte Mal mit ihr oder Marc und Robin dort warst?“

Es war in der Tat so, dass ich früher öfter mit Anne dort oben war. Da steht oder stand zumindest eine Bank, auf der wir viele tiefgreifende Gespräche führten. Umgeben von einer Wiese mit wilden Blumen und sogar Kräutern, konnten wir die Welt in einer ganz besonderen Weise wahrnehmen. Doch das war lange her. Mit meinen Kindern war ich niemals dort. Ob Anne sie einmal mitgenommen hatte, konnte ich überhaupt nicht sagen. Natürlich glaubte ich als Christ an diesen Schöpfergott. Dennoch glaubte ich aber auch an unsere Fähigkeiten und die mir gegebenen Möglichkeiten.

Da war sie wieder, die Frage nach dem Gottesverständnis vs. Ichverständnis, die ich immer wieder mit meiner bekannten 80/20 Regel zu begründen versuchte. Ja, es war in der Tat ein Netz in dem ich mich befand und nur in vordefinierte Richtungen gehen konnte. Meine Sorge um Verlust, Missachtung oder Versagen, war in der Tat sehr hoch und ich schaffte es jedes Mal diese Ängste durch noch mehr Leistung zu entkräften. Dennoch spürte ich nun etwas wie Gefangenschaft.

Der Spaziergang

Der Morgen ging dahin, die Sonne war schon kräftig und wir beschlossen, einen Spaziergang zu unternehmen. Da wir nahe einem kleinen Wäldchen wohnten, bot es sich an, dorthin zu gehen. Es war mittlerweile so warm, dass wir leicht bekleidet losgehen konnten. Thomas hatte eine Umhängetasche dabei. Da ich vermutete, dass sich darin etwas zu trinken befand nahm ich nichts mit.

Der Weg war schön und schlängelte sich sanft bis zum Waldrand ansteigend dahin. Wir gingen langsam. Er schien bei jedem Schritt einen noch tieferen Atemzug zu machen. Als ich auf meinen Atem achtete, bemerkte ich, wie ich bei dem kurzen Anstieg eher kurzatmig wurde. Ich war eben nichts mehr gewohnt, dachte ich und rang nach Luft.

Was bei Thomas eher wie Kraftaufsaugen aussah, bekam bei mir einen „ich kann bald nicht mehr“ Charakter.

„Langsam Thomas“, sagte ich, „ich bin es nicht gewohnt so rasch zu laufen. Meine sonstigen Wegstrecken sind eher zwischen Büros oder von der Garage ins Haus. Spazieren war ich in der Tat längere Zeit nicht mehr.“

Ich blieb stehen und blickte mich um. Der Weg war steiler als gedacht und wir konnten schon über die Dächer unserer Siedlung bis über die Stadt blicken. Der Wald schien die rettende Höhe zu haben. Als wir hinein gingen, wurde es rasch angenehm kühl, sicher auch weil die Steigung endete. Der Weg wurde einfacher und führte durch den Wald. Ohne viele Worte zu verlieren gingen wir weiter, bis wir auf eine Lichtung kamen. „Hier links“, sagte Thomas und wir gingen auf einem für mich neuen Weg dahin.

Woher kannte er sich hier so gut aus? „Warst Du schon einmal hier“, fragte ich verwundert.

„Nein noch nie, doch ich habe gelernt mich auf jemanden zu verlassen, der mir den rechten Weg zeigt. Das war auf meiner Reise überlebensnotwendig, denn so orientierungslos und hilflos wie auf diesem Weg war ich niemals zuvor. Ohne Führung von Oben hätte ich weder den richtigen Weg gefunden, noch Gefahren ausweichen können. Dort habe ich gelernt, was es bedeutet Vertrauen zu haben.

Weißt Du, wenn Du nichts mehr zu essen hast, bis auf die Haut nass bist und keine Ahnung hast, wo Du die nächste Nacht verbringst, dann läufst Du im Glauben ohne zu schauen. Alles scheint zu Deinem Feind zu werden. Wilde Hunde, Beeren von denen Du nicht weißt, ob sie essbar sind oder Dich vergiften. Schlangen und allerlei andere Plagegeister die sich auf Deinen Mageninhalt stürzen, wenn Du Dich übergeben hast. Wenn Du dann nicht lernst zu vertrauen, dann stirbst Du!“

Es war das erste Mal, dass er viele bedrohliche Details von seiner Reise erwähnte. Aber natürlich war auch mir klar, dass so eine lange Reise auch sehr gefährlich war, besonders für einen Jungen im Alter meiner Söhne.

Nachdem wir den linken Weg eingeschlagen hatten, durchquerten wir relativ rasch den Wald und stießen auf eine große Lichtung, die mir völlig unbekannt war. Ich beschloss, demnächst mit Anne ebenfalls diesen Weg zu gehen und ihr dabei von meinen Erlebnissen und Gesprächen mit Thomas zu berichten. Je näher wir an die Lichtung kamen, umso heller und zugleich schöner wurde es. Die Sonne schien mit voller Kraft und wir hielten inne.

Bereits im Wald war mir der intensive Geruch der Tannen aufgefallen. Als Kinder zündeten wir manchmal deren Zapfen und die Nadeln an, um den intensiven Geruch noch besser wahrzunehmen. Doch hier roch ich ihn auch so ganz intensiv. Es war ein interessanter Mix aus tiefem kühlem Waldgeruch hinter und frischer Sommerwiese vor uns.

Dann begann Thomas eine Bibelstelle zu zitieren:

„Im Anfang schuf Gott den Himmel und die Erde. Und die Erde war wüst und leer, und es lag Finsternis auf der Tiefe, und der Geist Gottes schwebte über den Wassern. Und Gott sprach: Es werde Licht! Und es ward Licht. Und Gott sah, dass das Licht gut war; da schied Gott das Licht von der Finsternis; und Gott nannte das Licht Tag, und die Finsternis Nacht. Und es ward Abend, und es ward Morgen: der erste Tag."

Dann schwieg er.

Jetzt, als ich vor dieser sonnendurchfluteten Blumenwiese stand, mit dem dunklen Wald im Rücken, prägte sich mir das Bild tief in mein Herz. Wie schön war es doch, aus dem Wald in das Licht hinein zu gehen. Aus der Kühle in die Wärme. Es war fast wie von der einen in eine andere Welt über zu gehen.

Fasziniert blieb ich stehen und begann, so wie Thomas beim Anstieg, diesen Geruch tief in mich auf zu saugen. Alles wollte ich riechen und überlegte, was ich wie zuordnen konnte. Das Harz der Bäume, die Frische der Blumen und war da etwa so etwas wie Honig oder doch ein leichter Knoblauchgeruch? Ich roch aber auch nasses Holz und oh je, auch mein penetrantes Aftershave. Wie unpassend und störend.

„Wusstest Du, dass Gott eine Freude daran hatte, das Licht zu schaffen?", fragte mich Thomas. „Wieso eine Freude", fragte ich naiv zurück. „Es gehört doch zur Schöpfung dazu."

„Da hast Du recht, doch es ist viel mehr als nur Selbstverständlich. Denke doch nur einmal an Photosynthese, welche uns Luft zum Atmen gibt. Durch das Licht entsteht Sauerstoff, den wir auch zum Leben brauchen. Was für eine phantastische Vorgehensweise hat sich Gott da einfallen lassen. Nicht nur damit wir sehen, sondern auch atmen können.

Und es ist neben dem Lebensnotwendigen auch zutiefst sinnbildlich zu verstehen. Ohne Licht kein Leben. Das ist im irdischen wie im geistlichen gleich. Nur durch Licht kann das Leben zur Entfaltung kommen. Im Dunkeln wächst nichts. Und wie sieht es in Deinem Herzen aus? Ist es da dunkel oder hell?"

Es war sehr lange her, dass ich versuchte so intensiv Gerüche und Licht, das durch den Wald über die Wiese vor mir schien, deutlich wahrzunehmen. Vielleicht war es sogar das erste Mal. Ich musste immer wieder an die Worte aus der Bibel denken. Natürlich wusste ich wo das stand. Es waren die ersten Worte in der Heiligen Schrift und obwohl ich davon wusste, hörte ich diese Worte nun zum ersten Mal mit einem ganz praktischen Erlebnis und Bewusstsein. Was für ein wunderbarer Gott muss das sein. Licht und Finsternis. Hell und Dunkel. Wie oft begegnen uns diese beiden Gegensätze in unserem Leben. Gut und schlecht, der Maßstab mit dem ich seither alles um mich herum bemessen hatte, oder Tag und Nacht. Vom Licht sagte er sogar, dass es sehr gut war.

Unweigerlich fragte ich mich, was bei mir Licht und gut war. Außer weltlichen Dingen fiel mir leider nicht so viel ein. Vielleicht war die Beziehung zu Anne, auch wenn sie zurzeit etwas litt, etwas Besonderes, das ich als Licht einstufen würde. Ja und meine Kinder, die natürlich auch. Doch was war sonst noch Licht? Mein scharfer Verstand oder die Fähigkeit analytisch zu denken, nein, das war nicht wirklich Licht wie ich es jetzt sehen würde.

Gott schuf das Licht! Was für eine bedeutende Erfindung das doch war. Es betrifft alles Leben und für mich war es so selbstverständlich, dass ich nicht mehr darüber nachdachte. Meine Aufmerksamkeit wanderte zu einem Busch, an dem ich Heckenrosen ausmachen konnte. Je länger ich sie ansah, desto mehr nahm ich ihren lieblichen, fast süßlichen Geruch wahr. Und dann war da noch etwas, ein ebenso sanfter wie ungewöhnlicher Geruch, den ich jedoch nicht zuordnen konnte. Ich schloss die Augen, um eventuell noch mehr Gerüche wahrzunehmen. Erneut kam von hinten aus dem Wald ein Schwall auf mich zu und ich dachte so etwas wie einen nussigen Geruch einzuatmen. Verblüfft suchte ich nach weiteren Geruchsnoten und kam mir dabei fast wie ein Hund vor.

Thomas hatte die Augen schon längst geschlossen und als ich meine öffnete, erkannte ich ein zutiefst zufriedenes Lächeln auf seinem Gesicht. Es war wie eine Mischung aus Dankbarkeit und Wohlgefühl. Fast so, als ob die Gerüche ihm eine Art von Liebkosung entgegen brächten.

Ich unterbrach die Stille: „das habe ich ja schon lange nicht mehr erlebt. Früher waren wir öfter draußen zum Spielen mit den Kindern oder auch Spazieren gehen. Doch da war es irgendwie anders als heute. So intensiv habe ich Gerüche noch nicht wahrgenommen."

„Aber warum nicht", fragte er. „Du hast es doch direkt vor der Tür. Ich bin sicher, wenn Deine Kinder im Wald spielen gehen, erleben sie ganz ähnliche Eindrücke wie wir jetzt. Sie sind nur unvoreingenommener und ihre Seelen noch viel aufnahmebereiter als Deine.

Genau das meinte ich, als ich Dich vorhin fragte, in welchem Netz Du Dich befindest. Ist dieses Netz und die damit verbundenen Verpflichtungen bereits so umfassend, dass Du keine Zeit und Kapazität mehr hast, das Wesentliche zu erkennen? Dieses wunderbare Licht in Deiner Seele wahrzunehmen, dass der Schöpfer aller Dinge gemacht hat?

Weißt Du denn, für wen er das alles geschaffen hat? Nicht für die Tiere, denn die haben keinerlei Sinn für Schönheit sondern nur für ihr eigenes Überleben. Sicher riechen sie dabei noch viel mehr als wir jetzt und doch dient alles nur zur Arterhaltung.

Diese Schönheit ist für den Menschen geschaffen. Nur er vermag Gerüche zu erkennen und sich an dem Duft, z.B. der Rosen dort drüben, zu erfreuen. Sicher braucht jede Pflanze und jedes Lebewesen Licht zum Leben und doch vermag es nur der Mensch als eine Art Glück zu empfinden, wenn er es bewusst wahrzunehmen vermag. Insofern ist die Schöpfung nicht auf uns angewiesen aber doch für uns geschaffen worden.

Schließe nochmals die Augen und versuche nun bewusst zu hören. Was hörst Du?“

Es dauerte eine Zeit, doch dann vernahm ich einiges an Geräuschen. Ich hörte den Wind in den Bäumen rauschen und wie sich die Äste dabei aneinander rieben. Es war ein lautes und fast hohles Geräusch weit über mir. Dann hörte ich das Piepsen eines Vogels, nein mehrerer Vögel, die ich jedoch nicht zuordnen konnte. In Vogelkunde war ich noch nie besonders gut. Wer konnte schon eine Meise von einer Amsel unterscheiden?

Mit der Zeit hörte ich jedoch noch viel mehr. Es war fast wie ein Summen. Eine Biene, eine Libelle oder von was kam das Geräusch von links auf mich zu. Ich konzentrierte mich und glaubte ,sogar ihren Flügelschlag zu vernehmen. Und es kam noch ein anderes Rauschen dazu. Das musste ein Bachlauf sein, genau. Den hatte ich überhaupt nicht bemerkt. Erst durch das intensive Hören, konnte ich ihn wahrnehmen, auch wenn ich nicht genau wusste, woher das Geräusch kam. Dann fiel mir noch etwas auf, was ich zuerst leise, dann immer lauter vernahm. Es war mein eigener Herzschlag und Atem. Dieses Pochen hätte auch Thomas hören müssen, so stark vernahm ich es in meinem Inneren.

Es war äußerst interessant, welche Geräusche von innen wie außen plötzlich wach wurden. Das war so ganz anders als Zuhause, wo ich sofort das Radio oder den Fernseher einschaltete, nur um Stimmen zu hören. Ja, ich lenkte mich gern mit etwas ab. Manchmal hatte ich sogar etwas Angst vor der Stille in mir.

Wenn ich in der Arbeit so ganz unter Strom stand, dann konnte ich manchmal mehrere Dinge gleichzeitig erledigen. Mit einem Kunden telefonieren, nebenher eine Mail beantworten und mir bereits Gedanken über meine nächste Aufgabe machen, war gängige Praxis. Je stärker ich unter Strom war, desto leistungsfähiger wurde ich. Es war fast wie eine Sucht, denn danach stellte sich oft eine, wenn auch leistungsbezogene, Zufriedenheit ein, die mir gut tat. Das gab mir ein gutes Gefühl.

Und doch war dieses bewusste Wahrnehmen nicht ganz so weit davon entfernt, wie ich dann feststellen musste. Es war fast so, als entdeckte ich einen Schatz. Der Schatz der Wahrnehmung, aber ohne etwas dafür zu tun.

„Und Gott sprach: Es soll eine Feste entstehen inmitten der Wasser, die bilde eine Scheidewand zwischen den Gewässern! Und Gott machte die Feste und schied das Wasser unter der Feste von dem Wasser über der Feste, dass es so ward. Und Gott nannte die Feste Himmel. Und es ward Abend, und es ward Morgen: der zweite Tag. Und Gott sprach: Es sammle sich das Wasser unter dem Himmel an einen Ort, dass man das Trockene sehe! Und es geschah also. Und Gott nannte das Trockene Land; aber die Sammlung der Wasser nannte er Meer. Und Gott sah, dass es gut war. Und Gott sprach: Es lasse die Erde grünes Gras sprossen und Gewächs, das Samen trägt, fruchtbare Bäume, deren jeder seine besondere Art Früchte bringt, in welcher ihr Same sei auf Erden! Und es geschah also. Und die Erde brachte hervor Gras und Gewächs, das Samen trägt nach seiner Art, und Bäume, welche Früchte bringen, in welchen ihr Same ist nach ihrer Art. Und Gott sah, dass es gut war. Und es ward Abend, und es ward Morgen: der dritte Tag.“

Erst als Thomas die weitere Entstehungsgeschichte aus der Bibel perfekt auswendig zitierte, erkannte ich, wie schön die Blumenwiese doch war. Hörte die vielen Bienen und andere Bestäuber und sah, wie emsig sie daran taten, Samen aufzunehmen und weiter zu transportieren. Ein perfektes Ökosystem, kam mir in den Sinn. Ich folgte mit meinen Blicken dem Rauschen des Bachlaufs und sah wie rasch das Wasser dahin floss. Es muss von einem noch höheren Berg stammen, und sein Weg würde irgendwann unweigerlich in eines der Meere führen. Ja, Gott machte das Meer und die Feste, auf der ich im Moment stand. Ich blickte nach unten und nahm diesen wohligen erdigen Geruch wahr. Der ist mir zuvor noch überhaupt nicht aufgefallen. Aber nun reihte er sich in die Vielzahl der Gerüche, die ich bereits in der Nase hatte, ein. Eine unbekannte Entdeckungsreise meiner Sinne.

Thomas zitierte erneut: „Und Gott sprach: Es seien Lichter an der Himmelsfeste, zur Unterscheidung von Tag und Nacht, die sollen zur Bestimmung der Zeiten und der Tage und Jahre dienen, und zu Leuchtern an der Himmelsfeste, dass sie die Erde beleuchten! Und es geschah also. Und Gott machte die zwei großen Lichter, das große Licht zur Beherrschung des Tages und das kleinere Licht zur Beherrschung der Nacht; dazu die Sterne. Und Gott setzte sie an die Himmelsfeste, damit sie die Erde beleuchteten und den Tag und die Nacht beherrschten und Licht und Finsternis unterschieden. Und Gott sah, dass es gut war. Und es ward Abend, und es ward Morgen: der vierte Tag."

Lichter am Himmel für den Tag, dieses Licht sah ich in einer wunderbaren Weise über der Wiese. Doch dann fiel mein Blick auf den Himmel und ich musste nach Oben blicken und nach einer Weile konzentrierten Schauens erkannte ich tatsächlich einen Stern. Das muss der hellste von ihnen sein, der noch am Tag manchmal sichtbar ist. Wie wunderbar. Gott schuf Lichter für den Tag und die Nacht. Ich erinnerte mich an die vielen Reklameschilder in unserer Stadt oder in anderen größeren Städten. Wie sagt man ab und zu, die Stadt die niemals schläft... Auch in unserer Gegend gab es schon Straßen, die ständig hell beleuchtet waren, meist Werbeschilder aber auch Industrieanlagen, die eine Dauerbestrahlung brauchten. Keine Chance mehr, die wunderbaren Himmelslichter zu erblicken bzw. sie als Geschenk für uns Menschen zu würdigen.

„Martin", sagte er fast sanftmütig, „versuch doch mal, zu den Gerüchen die Du wahrgenommen hast, einen Geschmack zu finden."

„Wie soll denn das gehen", fragte ich verblüfft. Ich schmecke doch erst, wenn ich etwas im Mund habe. Soll ich etwa an den Bäumen knabbern"?

„Es ist interessant, wie beengt Deine Vorstellung doch ist. Ich bin mir sicher, dass Du von einem Glas Wein nicht unbedingt kosten musst, um Dir eine Vorstellung zu machen, wonach er schmecken wird. Mach es doch jetzt einfach genauso."

Da sich das für mich plausibel anhörte, versuchte ich in der Tat einen Geschmack wahrzunehmen. Ich begann mit den stark riechenden Tannennadeln bzw. dem Harz das sie verströmten. Ok, Geschmack, welchen Geschmack mögen wohl Tannennadeln haben. Nichts passierte. Ich schloss fest die Augen und versuchte mir vorzustellen wie wir sie früher anbrannten. Der Geruch, den meinte ich zu erkennen, doch Geschmack kam nicht.

Ich wollte nicht aufgeben und suchte die Gegend ab. Neben den Heckenrosen erkannte ich eine wilde Brombeerhecke. Dabei sah ich tatsächlich kleine Früchte. Ich nahm sie in meinen Fokus und stellte mir die dazugehörende Marmelade vor. Plötzlich kam es. Mein Mund wurde von zusätzlichem Speichel gefüllt und je fester ich an diese Marmelade dachte, desto stärker hatte ich den Eindruck, wie sie schmecken müsste.

Weiter hinten sah ich einen Baum, der wie ein Apfelbaum aussah. Ich stellte mir vor, wie er saftige Äpfel trug und tatsächlich erkannte ich nach längerem hinsehen auch welche. Sie sind mir zuvor überhaupt nicht aufgefallen. Wie so vieles anderes auch, dachte ich und je mehr ich an Äpfel dachte, desto stärker verzog sich mein Mund und ich glaubte, diesen besonders frischen Geschmack zu schmecken.

Der Bach lenkte mich ab. Sein Rauschen trieb mir jedoch noch mehr Wasser in den Mund und ich sehnte mich nach einem Schluck frischen Wassers. Kurzzeitig fragte ich mich, ob man das überhaupt bedenkenlos trinken konnte. In diesem Moment ging Thomas hin, kniete sich neben den Bach und füllte eine leere Wasserflasche, die er zuvor aus seinem Beutel zog.

Aha, das war also darin.

Als ich diese Szene sah, bekam ich noch mehr Durst und mein Mund schmeckte tatsächlich dieses frische Wasser, noch ohne, dass ich es hatte kosten können.

In der Tat schmeckte ich zu dem einen Geruch mehr und zu dem anderen weniger, aber ich erkannte tatsächlich Beeren- oder süßen Geschmack.

Thomas hielt mir die Feldflasche hin und ich trank ohne weiter über die Bedenklichkeit nachzudenken. Es war kühl und sehr köstlich. Dabei blickte ich in den Bach und erkannte tatsächlich eine superkleine Forelle. Und das hier draußen, mit welchem Artenreichtum wir doch gesegnet sind, kam mir in den Sinn. Es gab eine Vielzahl an weiteren Lebewesen im Wasser. Hoffentlich hatte ich keines davon verschluckt, dachte ich plötzlich, verwarf den Gedanken aber gleich wieder, denn der Geschmack des Wassers war so außergewöhnlich wie selten.

„Weißt Du wie die Geschichte weiter geht“, fragte Thomas und ohne auf eine Antwort zu warten sagte er: „Das Wasser soll wimmeln von einer Fülle lebendiger Wesen, und es sollen Vögel fliegen über die Erde, an der Himmelsfeste dahin! Und Gott schuf die großen Fische und alles, was da lebt und webt, wovon das Wasser wimmelt, nach ihren Gattungen. Und Gott sah, dass es gut war. Und Gott segnete sie und sprach: Seid fruchtbar und mehret euch und füllet das Wasser im Meere, und das Geflügel mehre sich auf Erden! Und es ward Abend, und es ward Morgen: der fünfte Tag.“

Ja, mit was für einem Reichtum waren wir umgeben und wie wenig erkannte ich dessen Wert. Meine Ablenkungen und meine Stricke hinderten mich, die Schöpfung als das zu erkennen, was sie war. Ein großes und schönes Geschenk Gottes. Wer sonst hätte sich ein so perfektes und wunderbares Ökosystem ausdenken können? Das hatte beileibe nichts mehr mit Zufällen zu tun. Das war Schöpfung in reinster Form.

Mein Problem war es nur, dieses nicht mehr als solches wahrzunehmen, sondern es als selbstverständlich anzusehen, ja sogar zu übersehen. Ich kam mir fast schäbig vor, als ich zu diesem Ergebnis kam. Viel zu lange schon war es her, dass ich mir über diese wirklich wichtigen Dinge Gedanken machte.

Thomas machte keinen Halt und zitierte einfach weiter: „Und Gott sprach: Die Erde bringe hervor lebendige Wesen nach ihrer Art, Vieh, Gewürm und Tiere des Feldes nach ihrer Art! Und es geschah also. Und Gott machte die Tiere des Feldes nach ihrer Art und das Vieh nach seiner Art. Und Gott sah, dass es gut war.

Und Gott sprach: Wir wollen Menschen machen nach unserem Bild uns ähnlich; die sollen herrschen über die Fische im Meer und über die Vögel des Himmels und über das Vieh auf der ganzen Erde, auch über alles, was auf der Erde kriecht. Und Gott schuf den Menschen ihm zum Bilde, zum Bilde Gottes schuf er ihn; männlich und weiblich schuf er sie.

Und Gott segnete sie und sprach zu ihnen; Seid fruchtbar und mehret euch und füllet die Erde und machet sie euch untertan und herrschet über die Fische im Meer und über die Vögel des Himmels und über alles Lebendige, was auf Erden kriecht! Und Gott sprach: Siehe, ich habe euch alles Gewächs auf Erden gegeben, das Samen trägt, auch alle Bäume, an welchen Früchte sind, die Samen tragen; sie sollen euch zur Nahrung dienen; aber allen Tieren der Erde und allen Vögeln des Himmels und allem, was auf Erden kriecht, allem, was eine lebendige Seele hat, habe ich alles grüne Kraut zur Nahrung gegeben. Und es geschah also. Und Gott sah an alles, was er gemacht hatte, und siehe, es war sehr gut. Und es ward Abend, und es ward Morgen: der sechste Tag."

Er pausierte mit einem tiefen Seufzer. Sofort kamen mir Bilder in den Sinn, die dem Auftrag so überhaupt nicht gerecht wurden. Ja, wir herrschten über alles Lebendige, doch in welcher Art und Weise vollbrachten wir diesen Auftrag. Massentierhaltung, Tötungen von ungewolltem Leben bei Tieren wie bei Menschen, Waldrodungen und Monokulturen. Tropenhölzer, die in unseren Breitengraden nichts zu suchen hatten, Trophäenhandel mit geschützten Lebewesen.

Mir fiel plötzlich so vieles ein, wo wir diesem Auftrag in keinster Weise mehr auch nur annähernd gerecht wurden. Schon lange nicht mehr. Alles drehte sich nur um uns und unseren Konsumhandel.

Billigen Strom durch Atomkraft, Luftverpestung in großem Stil durch die Profitgier einiger weniger. In Tokyo Stadt wird zeitweise der Lichteinfall um bis zu 40% durch Smog gemindert. Die Kinder meiner Schwester haben, wie andere in Düsseldorf auch, überdurchschnittlich viele Atemwegserkrankungen und hatten mit fünf schon ihren eigenen Inhalator. Die Autos hielten schon lang nicht mehr das was uns die Hersteller versprachen.

Thomas unterbrach meinen negativen Gedankenstrom und bat mich, ihm zu zeigen, was ich wahrnahm.

„Beobachte Deine Umgebung und sag mir was Du siehst“, sagte er und wurde still.

In der Tat hatte ich einige Mühe, diese schlimmen Gedanken beiseite zu schieben und mich auf die neue Aufgabe zu konzentrieren. Doch es gelang mir erstaunlich rasch. Ich nahm neben den Bäumen hinter mir, dem wundervollen Licht, das über der Wiese lag, noch Weiteres wahr. Ich sah, wie sich das Licht in den kleinen Wellen des Baches brach und wie wild darüber funkelte. Wie kleine Blitze, die entlang der Fließrichtung zu tanzen schienen. Ich sah den tiefblauen Himmel, den Stern von dem ich immer noch nicht wusste welcher es war, aber auch weitere Farben, die durch Wolken erzeugt wurden.

Tief, im Wald bewegte sich nun etwas. Es war größer als ein Vogel, ich glaubte zwei Augen zu erkennen. Eine Eule vielleicht. Die Augen waren wie regungslos und doch offen drein blickend. Unsere Blicke trafen sich, wobei sich keiner bewegte. Es war wie ein Abwarten und Taxieren. Zwischen mir und der Eule lagen sicher 40 Meter. Je länger ich in diese Richtung blickte, desto mehr erkannte ich die vielen kleinen Insekten, die über der Wiese tanzten. Alles wirkte beschäftigt, doch unterlag es fast einer gewissen Ordnung. Interessant dabei war, dass wenn ich das Eine anvisierte, ich plötzlich auch ganz anderes wahrnehmen konnte.

Bei meinen sonst so oberflächlichen Blicken während eines Spazierganges war es eher so, dass ich den Weg musterte und aufpasste, nicht in eine „Pizza“ zu treten.

Thomas fragte, „spürst Du das?“

„Was denn“?

„Na, den Wind und wie er tatsächlich eine gewisse Wärme herbei transportiert, je nachdem wo man steht.“

In der Tat spürte ich den Wind von hinten, aus dem Wald etwas frischer als auf der Wiese am Bachlauf. Dort war er deutlich angenehmer.

„Knie nieder“, sagte er und war bereits selbst auf den Knien noch bevor er ausgeredet hatte. „Spürst Du das Gras, wie sanft es sich anfühlt, oder die Erde, nehme sie mal in Deine Hand, fühle und rieche daran.“

Da der ganze Tag schon ungewöhnlich war, machte ich alles mit. Ich setzte mich ins Gras, strich darüber und nahm mit der anderen Hand etwas Erde auf, die zu meiner Überraschung sehr gut roch. Ich bemerkte, wie sich in mir etwas veränderte. Mir stellten sich die Nackenhare auf als ich daran dachte, wie wenig ich seither von der Natur beeindruckt war und wie selbstverständlich ja manchmal sogar abfällig ich darüber dachte.

Alles war wichtiger geworden. Doch die elementarsten Dinge, die uns gegeben sind, der Lebensraum den uns Gott ausgesucht und mit einer Akribie und Liebe gestaltete, nur dass es uns gut ging, die habe ich übersehen. Wieder kam eine Art Schuldgefühl über mich. Auch ich war der Ansicht, dass wir lieber 5 Autobahnspuren als zwei haben sollten, da so viele Autofahrer unterwegs waren. Über Alternativen oder die Vernichtung von Lebensraum dachte ich nur wenig nach. Die Welt war ja sowieso wie sie ist und jeder versuchte eben, das Beste daraus zu machen. Das Beste, dachte ich, für wen denn das Beste?

Ich fühlte mich plötzlich sonderbar schmutzig. Ja vielleicht sogar mit schuldig. Auch wir versuchten günstige Waren zu erwerben ohne auf die Herstellung zu achten. Machten eine Schiffsreise obwohl wir wussten, dass der Rußpartikelausstoß dreimal höher war, als bei jedem anderen Beförderungsmittel. Diese Verantwortungen konnte man in unserer heutigen Zeit so leicht anderen zuschieben.

Nein, ich war nicht wirklich besser als andere und auch mein Auftrag über die Erde zu herrschen, grenzte ich in dem ein, was für mich und meine Familie von Vorteil sein konnte. In Anbetracht dieser, nun neu erlebten Vielfalt, wurde ich ganz kleinlaut. Ja, ich fühlte mich schmutzig. Je länger ich über unser oder besser gesagt mein Versagen nachdachte, desto mehr verspürte ich den Drang, den ganzen Dreck abzuwaschen.

Da war ich der Meinung, ein gläubiger Mensch zu sein und verkannte sowohl seine Schöpfung, als auch seine Liebe, die darin verborgen lag.

Ich spürte, dass ich viel weiter von Gott und meinem Schöpfer entfernt war, als ich mir eingestehen wollte. Was sagte Gott noch im vorletzten Vers: „Wir wollen Menschen machen nach unserem Bild uns ähnlich…“

Ich war in keinster Weise Gott ähnlich. Wenn ich das wäre, hätte ich mich nicht so über die Schöpfung hinwegsetzen können. Dann hätte ich wissen müssen, was Gott von mir möchte und ihm nicht nur die letzten 20% hingegeben, sondern ihm mein ganzes Leben übergeben.

Natürlich war ich getauft worden. Beim Eintritt in die Gemeinde sogar das zweite Mal als Erwachsener. Das war für mich der Gehorsamsschritt, um mit dem alten Leib in den Tod und mit Gott aus dem Wasser neu aufzusteigen. Im Kopf hatte ich das schon. Als es passierte, war da auch etwas Besonderes. Ich spürte damals sehr wohl eine Präsenz in mir, die leider mit den Jahren langsam abflachte. Das war ja auch der Grund weshalb ich an diesem Morgen so unruhig aufwachte.

Mittlerweile muss es nach zwölf geworden sein, da die Sonne hoch oben stand und es sehr warm war.

Thomas muss meine Gedanken gelesen haben, denn er sagte: „das macht einen schon fertig, oder nicht? Wenn man auf so subtile Art erkennen muss, was man im Grunde verloren hat. Den Bezug zum Vater und seiner Schöpfung.“

„Stimmt“, sagte ich und stand wieder auf.

Ich blickte Thomas tief in die Augen und sagte, ohne dass ich mir das zuvor überlegt hatte: „würdest Du mich nochmals taufen?"

„Wieso willst Du das", fragte er zurück.

„Ich fühle mich dreckig und in keiner Weise mehr mit meinem Gott verbunden. Das möchte ich ändern", sagte ich.

„Aber nur weil Du Dich erneut taufen lässt, bist Du doch nicht mit Deinem Gott verbunden", erwiderte er, ganz so als ob er es mir ausreden wollte.

„Was glaubst Du mit einer erneuten Taufe zu verändern? Denkst Du tatsächlich, dass, wenn Du erneut dieses Ritual durchführst, Du mehr glaubst oder Gott Dich mehr lieben wird?"

Ok, ich musste jetzt kontern und erkannte, dass eine Taufe keine Eintrittskarte darstellt. Hatte ich das damals bei meiner Taufe in der Gemeinde tatsächlich gedacht? Nach der Taufe würde schon alles gut werden?

Egal wie es damals war, dieses Mal war es anders, entgegnete ich gedanklich. Der Wunsch, den Dreck meines Lebens abzuwaschen war ein Bedürfnis, das ich damals so nicht verspürte. Je länger ich darüber nachdachte, desto klarer wurde mir mein Fehlverhalten. Die Taufe war für mich seither in der Tat ein Stückwerk meines eigenen Lebens gewesen.

Den Satz, den Jesus in Johannes 14,6 zu Thomas sagte: „Ich bin der Weg und die Wahrheit und das Leben; niemand kommt zum Vater, denn durch mich", verstand ich nur mit meinem Kopf. Ich wusste, dass Jesus für mich ans Kreuz ging, um mir meine Schulden zu vergeben bzw. meine Schulden für mich zu bezahlen. Jesus trug meine Schulden, alle die ich tat und noch tun würde. Das war mir irgendwie klar, doch hatte es leider nur wenig Auswirkung auf mein „richtiges" Leben.

Gleiches empfand ich bei dem nächsten Satz, den er sprach: „Hättet ihr mich erkannt, so würdet ihr auch meinen Vater kennen; und von nun an kennt ihr ihn und habt ihn gesehen."

Das war für mich stets ein gedankliches Problem gewesen, denn wie sollte ich den Vater kennen wenn ich Jesus kenne? Kannte ich überhaupt Jesus oder wusste ich nur um seine Tat, die er für mich vollbrachte.

Sicher war ich ihm dafür unendlich dankbar und konnte dies mit eigenen Worten kaum beschreiben. Manchmal drückten bestimmte Lobpreislieder besser aus was ich empfand, als ich es in Worte formen konnte. Doch für mich war es immer ein Rätsel geblieben.

Vor allem das mit dem Vater war für mich schwer zu fassen. Über die Dreieinigkeit habe ich schon einiges gehört wie gelesen und doch blieb mein Verständnis immer an Jesus hängen. Er war uns ja auch am ähnlichsten gewesen. In einem menschlichen Körper. Auch wenn das schwer zu verstehen war, fiel es mir irgendwie schon immer einfacher, mich mit diesem Bild von Jesus, als den Sohn Gottes, anzufreunden als mit Geisteswesen und einem imaginären Gott.

Jetzt fiel mir ein Satz wieder ein, den Thomas aus der Entstehungsgeschichte zitierte: „lasst uns Menschen machen nach unserem Bilde…" Nach unserem Bilde heißt, dass Gott eine menschliche Gestalt hat oder sich nur durch Jesus darin zeigte? Ich dachte immer Gott wäre ein geistiges dreieiniges Wesen.

Thomas unterbrach meine Fragen mit der Wiederholung seiner Frage: „warum möchtest Du Dich erneut taufen lassen?"

Ich sagte spontan: „ich glaube, ich habe das damals nicht vollkommen aufrichtig gemacht. Als ich mich damals in der Gemeinde taufen ließ, gehörte es irgendwie dazu. Das ganze Aufnahmeritual mit Lebensübergabe und Zeugnis gehörte zu den Dingen die man machte, wenn man sich einer Gemeinde fest anschloss. Ich wollte ja mein Leben Gott übergeben, hatte jedoch keine Ahnung, was das in Gänze bedeuten würde.

Ich war immer noch der Meinung, Herr über mein Leben und Arbeiten sowie meiner Familie zu sein. Erst jetzt, als ich hier im Wald die Schöpfung wieder ganz neu habe entdecken können, wurde mir bewusst, wie weit ich doch von IHM entfernt war. Statt mich durch IHN ausmachen zu lassen, habe ich versucht mein Leben auszurichten und zu definieren. Es waren meine Schwerpunkte und mein Netzwerk, die mich immer tiefer in den Bann des Weltlichen brachte.

Zu beschäftigt sein für meine Familie, zu beschäftigt sein für einen entspannten Urlaub, aber auch zu beschäftigt sein für Gott und seine Schöpfung. Wie konnte ich dies nur jemals außer Acht lassen?"

Ich musste unweigerlich weinen und ging wieder in die Knie. Die Last meines Körpers, nein die Last meines Ichs, war größer als die Muskeln, die mich aufrecht halten konnten. Ich war in der Tat am Boden meiner Tatsachen angelangt. Nur durch einen profanen Waldspaziergang.

Dabei hatte Thomas überhaupt nichts über meine Lebensweise sagen müssen. Etwas in mir ließ mich erwachen und erkennen, mein Fehl erkennen und den Irrglauben, Gott in eine 20% Schublade stecken zu können. Gott ist kein Sonntagsgott, er ist ein 24/7 Gott. Wie konnte ich je glauben, mich ihm nur zu einem Teil hingeben zu können.

Ertappt, dreckig und überführt kniete ich nun vor meinem langjährigen Freund und bat darum dass er mich taufen, den Dreck von mir abwaschen und mir ein neues Leben schenken sollte. Nachdem ich meinen Gedanken Luft gemacht hatte, sagte er, dass der Bach hinter der nächsten Biegung eine kleine Stauung bildete und er mich in der Tat sehr gern erneut taufen würde.

Wir gingen dorthin. Es war immer noch auf der großen Lichtung, nur an einem anderen Ende. Der Bach verbreiterte sich und ich erkannte fast etwas wie ein Becken.

„Zieh Dich aus", sagte er behutsam und entledigte sich bereits seiner Kleider.

Ohne darüber nachzudenken streifte ich meine Kleider ab. Es war nicht kalt denn die Sonne wärmte schön. Dann stellte er sich hinter mich und legte mir die Hände auf meine Schultern.

Es dauerte, bis er zu sprechen begann.

„Vater, ich stehe nun mit Martin vor DIR und er möchte sein Leben DIR ganz neu geben. Er hat erkannt, dass er ganze Sache mit DIR machen möchte. Alles Stückwerk hat ihm nichts gebracht und seine Sehnsucht nach DEINER allumfassenden Liebe zeigt wie sehr DU bereits in ihm am Wirken bist.

Martin ist DIR nicht egal. Er ist DIR sogar so wichtig, dass DU deine Liebe in ihn pflanztest, als er es noch überhaupt nicht merkte. DU bist schon lange auf der Suche nach ihm, nur er konnte es noch nicht erkennen.

Jetzt sieht er DICH mit seinen Augen und hat eingesehen, welchen fatalen Fehler er machte, als er sich vor DICH stellte. Bitte vergib ihm all seine Schulden und nimm ihn als DEIN reingewaschenes Kind an. Zerreiße die Netze die ihn gefangen halten und lege ein neues Herz in seine Brust. Er möchte, dass DU allein ihn ausmachst und sucht DEINE Nähe. Ziehe ihn bitte ganz in Dein Herz."

„Martin, wenn Du jetzt und für alle Zeit ganze Sache mit dem Vater, dem Sohn und dem Heiligen Geist machen möchtest, dann antworte mit: „ja!"

Ich schrie dieses ja unter Tränen des Schmerzes heraus. Es war wie ein Befreiungsschlag all meiner Lasten. Dann schob mich Thomas in den Bach, hielt mich an Kopf und Rücken fest und zog mich rücklings in das Wasser, das mich voll bedeckte. Das machte er zwei, drei Mal und mit jedem Mal schien sich eine weitere Dreckschicht von mir zu lösen. Ich fühlte mich immer leichter und spürte, wie der Geist Gottes in mich kam und ja, in der Tat Wohnung in mir nahm. Es war ein überwältigendes Gefühl, das sich in mir ausbreitete und ich bisher nicht kannte.

Er setzte sich dann hinter mich in das Wasser und begann meinen Rücken mit dem Wasser zu waschen. Immer wieder nahm er auch seine Hände und goss Wasser über meinen Kopf. Es war als ob es nicht aufhören sollte. Bei jedem Mal übergab er, wie ein Gewährsmann, mein Leben Gott und weihte und segnete mich. Dabei schienen sich all meine Sorgen und Probleme von mir zu verabschieden. Es war fast so, als wusch er mich rein.

Ich spürte eine Liebe in mir hochwachsen, wie ich sie von keinen Genüssen dieser Welt je erlebt hatte. Ich war irgendwie befreit und sicher. Nachdem er fertig war, standen wir auf, zogen uns an und er nahm meine Hände in die seinen und sagte: „Willkommen zu Hause!"

Doch dann passierte etwas Merkwürdiges. Er hielt mich immer noch an den Händen fest und fragte, was ich im Wasser erlebt hätte. Im ersten Augenblick dachte ich an die Angst vor dem Untertauchen und die befreiende Wirkung beim Auftauchen. Doch dann kam es mir in den Sinn. Es war, als wir im Wasser saßen und er mich von hinten immer wieder mit Wasser übergoss.

Jetzt wurde das Bild klarer. Ich erinnerte mich an eine ganz kurze Reise in meine Zukunft. Dort sah ich mich als alten Mann, der sich um seine Kinder sorgte und dabei kurz vor seinem eigenen Tode stand. Alles Erreichte hatte in diesem Moment jegliche Bedeutung verloren. Dass, worauf ich in meinem früheren Leben so stolz war, erinnerte nun eher an einen flüchtigen unbedeutenden Hauch, der im Angesicht des Kommenden verweht wurde. Die Angst um meine Kinder war so groß und wurde durch meine Hilflosigkeit noch verstärkt.

Die Zeiten des Einwirkens und der Erziehung waren längst vorbei, sie selbst schon erwachsen mit eigenen Kindern und Familien und doch spürte ich, dass eben das Wesentliche des Lebens zu fehlen schien.

Was habe ich in der Erziehung falsch gemacht, welche Werte ihnen vorgelebt und wie habe ich meine Gottesbeziehung weitergegeben, waren brennende Fragen auf die es keine Antworten mehr gab. Ich sah mich als lebensmüde und hilflos vor dem Wichtigsten stehen, meinem Tode.

Ich riss die Augen auf und blickte tief in die von Thomas. „Kann das sein"? fragte ich ihn vollen Ernstes, als ob er wüsste, was in mir vorging.

„Ja", sagte er behutsam, „manchmal schenkt Gott einen Blick nach vorn, doch Dein Weg beginnt gerade erst."

Thomas wusste genau, was mit und in mir passierte. Er war irgendwie daran beteiligt und brachte all das zum Schwingen. Es war kein Zufall, dass er heute auftauchte. Das wusste ich nun.

„Erst jetzt kannst Du den Vater in Wahrheit und im Geist anbeten", sagte er schmunzelnd und ließ meine Hände los. Sofort lag es mir auf dem Herzen, Gott die Ehre zu geben, um ihm für Thomas und all das heute erlebte zu danken.

Ich weiß nicht mehr wie lang ich sprach, aber ich spürte wie mein Mund immer weniger Flüssigkeit hatte. Doch ich konnte nicht aufhören, ihm zu danken. Ich wollte zukünftig nur noch mit ihm leben und mich von ihm ausmachen lassen.

Wie auch immer das in der Praxis dann aussehen konnte wusste ich noch nicht. Das war in diesem Moment aber auch egal. Ich habe einen Geist in mir vernommen, der mein Inneres zu heilen begann und das fühlte sich gut an. Normalerweise gab ich nicht viel auf Gefühle und doch sind sie es, die unsere Empfindungen am besten ausdrücken.

Mir liefen die Tränen nur so übers Gesicht, als ich wie von selbst zu singen begann. Ich sang Gott zu und konnte nicht mehr aufhören. All die Lieder, die ich in mir trug, fanden nun einen Ausgang. Wahrscheinlich sang ich zum ersten Mal diese Lieder aus vollem Herzen. Und ich spürte, wie mein holpriger Gesang doch irgendwie wieder zu mir mit einem Segen zurück floss. Ich begann in meinen Ohren so etwas wie ein gesegnetes Echo zu vernehmen. Mit jedem weiteren Lied, das ich sang und gleichzeitig hörte, erfüllte sich mein Herz stärker mit dieser unbeschreiblichen Liebe. Es war eine Zeit der vollkommenen Anbetung.

Diese tiefe Dankbarkeit über seine Schöpfung aber vor allem über seine Präsenz in mir, war mehr als überwältigend und meine Worte reichten schon nach kurzer Zeit dafür nicht mehr aus. Ich weiß nicht mehr was ich alles sagte, doch ich spürte eine Befreiung und einen Hunger nach mehr in mir, wie niemals zuvor.

Dabei war Thomas wie ein Freund, ein Begleiter, den mir Gott über den Weg geschickt hatte. Ungeniert konnte ich vor ihm alles von mir loslassen. Er würde es verstehen und ich erkannte dabei, wie nah er schon dem Vater sein musste und wie weit entfernt ich bislang war.

Offenbarung

Thomas begann ganz nebenbei zu erzählen. „Weißt Du, wie alles angefangen hat?“ Ohne auf meine Antwort zu warten sagte er: „Es war vor sehr langer Zeit. Himmel und Erde waren noch nicht, ebenso wenig das Universum, so wie Du es kennst. Es war der Beginn des sichtbaren Seins schlechthin.

Wenn der Mensch über die Entstehung der Welt nachdenkt und woher das Leben seinen Ursprung hat, stößt man immer an Grenzen des denkbaren und machbaren. Das ist auch nicht verwunderlich, denn der menschliche Geist ist nur begrenzt fähig, solche großen kosmischen Zusammenhänge zu erfassen.

Noch bis vor 150 Jahren war es undenkbar, dass Menschen je fliegen können, geschweige denn Passagiere und Waren in Behältnissen transportieren, die schwerer als das Behältnis selbst waren. Bis jemand den Auftrieb entdeckte. Bislang hat lediglich nur ein Flug auf den Mond stattgefunden und erst in der Neuzeit haben schwarze Löcher, über die ganz andere Galaxien erreichbar sind, an Bedeutung gewonnen.

Ein bedeutender Physiker versuchte jüngst den Ursprung des Lebens zu ergründen. Da er darauf keine wirkliche Antwort fand, kam er zu dem Schluss, dass das Leben aus dem Nichts entstanden sein muss. Was für eine tiefe Erkenntnis, nur um einen Schöpfergott zu verleugnen. Seit Menschengedenken versuchen sie, eigene Erklärungen und Errungenschaften zu finden und wollen sich krampfhaft über die Schöpfung und Gottes Geist hinwegsetzen.

Dabei ist es nur diesem Schöpfer möglich, allein durch seine Sprache, Dinge entstehen zu lassen. Das passt nicht in die menschliche Vorstellungskraft, denn sie müssen alles mit der Hand am Arm vornehmen, analysieren und sich als oberster Herrscher etablieren. Diese interessante und doch traurige Eigenschaft der Menschen müssen wir später noch genauer beleuchten.

In seiner großen Liebe plante Gott, einen Lebensraum zu schaffen, der Individuen die Möglichkeit gab, zu leben und dabei ganz nah bei ihm zu sein.

Um dies zu ermöglichen, ist das Universum entstanden. Jeder Planet, jeder Nebel und Galaxie und davon gibt es noch einige mehr, dient allein für diesen Zweck. Inmitten dieser wunderbaren Ansammlung schuf Gott eine perfekt funktionierende Konstellation von Planeten und Monden, die so aufeinander abgestimmt sind, dass sie dem Planeten Erde sein Dasein ermöglichen - unseren Lebensraum-.

Ob durch den Mond, der für Ebbe und Flut oder durch die Sonne, welche für Wärme und lebensspendende chemische Umwandlungen wie Photosynthese zuständig sind, alle umliegenden Gestirne drehen und halten diese eine bewohnbare Erde in Einklang. Sie gaben ihr die Möglichkeit, sich so zu entwickeln wie sie heute ist.

Alles was Du über die Entstehung der Erde gehört hast mag stimmen, ist im Grunde jedoch nicht wichtig. Ob Urknall oder Entwicklung, alles führt zu dem Lebensraum in dem Du nun existieren kannst.

Überleg einmal, die Wärme auf der Erde ist so abgestimmt, dass Leben möglich ist. Es gibt keine Temperaturen unter -60 Grad oder über + 60 Grad. Alles bewegt sich genau im richtigen Abstand zueinander, in dem der Mensch wie die Tier- und Pflanzenwelt, existieren können. Die Sonne ist etwa 149.600.000 KM von der Erde Entfernt. Bei einer Abweichung von nicht einmal 1% wäre dieses Leben nicht mehr machbar.

Wie ist es möglich, dass die 3000 Sterne die wir in einer guten Nacht sehen können, oder allein unsere Planeten, nicht miteinander kollidieren? Alles verläuft in geplanter Bewegung um diesen wunderbaren blauen Planeten herum. Dazu sind viel größere Berechnungen und Flugbahnen der Gestirne nötig als sich irgendjemand nur vorstellen oder jemals ergründen kann. Dazu ist ein selbstregulierendes Planetensystem notwendig. Ein System, das auch die Gesetzlichkeiten eines bewohnbaren Planeten regeln. Dieses Gesetz nennen wir die Naturgesetze, die ohne jegliches Zutun, alles im Einklang halten.

Inmitten dieser Idylle, auf dem einzig bewohnbaren Planeten der ganzen Galaxie, schuf Gott alles Leben, so wie Du es vorhin teilweise, vielleicht zum ersten Mal, wahrgenommen hast - Farben, Gerüche, Tiere und Menschen -.

Die Naturgesetze, oder das Göttliche Prinzip, dem alles Leben auf diesem Planeten unterliegt, beinhaltet die Gravitationslehre gleich wie Entfaltungsgesetze von Masse und Energie sowie auch die Quantentheorie und Kernphysik.

Ein Beispiel findest Du im Newton`schen Kraftgesetz: Kraft = Masse x Beschleunigung. Daran gibt es nichts zu rütteln und es wird immer und überall seinen Grundwert haben. Diese Gesetze sind Grundlagen allen stofflichen Seins.

Alles wurde für das Leben erschaffen. Auch der Mensch. Wer könnte im klaren Anblick dieser einmaligen und wunderbaren Schöpfung je von einem Zufall ausgehen. Wie können Menschen über sich selbst von willkürlich mutierender Evolution sprechen, die von einem Primaten abstammt? Liegt es nicht vielmehr auf der Hand, dass dies eben kein Zufall ist und dass auch Du Martin, ein gewolltes und ganz bestimmtes einmaliges und wunderbares Individuum bist?

Wie sagte Gott, lasst uns Menschen machen uns zum Bilde. Dümmlich, dabei zu meinen, dass Menschen wie Gott aussehen.“

Ich spürte eine leichte Röte in mir aufsteigen.

„IHM zum Bilde heißt so viel mehr. Nämlich, dass wir denken, fühlen und empfinden sowie auch lieben können wie er. Das ist uns gleich und bringt uns in die einzigartige Möglichkeit, in einer persönlichen Beziehung mit ihm zu leben. Eine gegenseitige Wechselbeziehung basiert immer auf einer Schnittmenge. Diese ist bei

Gott und den Menschen die Liebe. Gott hat diese Liebe für den Menschen. Dabei liebt er den Menschen, nicht nur weil er ihn geschaffen hat, sondern weil für ihn jeder Mensch einen persönlichen Wert darstellt. Jeder Mensch ist ihm so wichtig, dass er eine individuelle und innige Liebe für ihn empfindet, unabhängig wie sich dieser Mensch entwickelte.

Seine erste Liebe ist darüber hinaus so groß, dass wir sogar von einer Agape Liebe sprechen. Agape beschreibt eine uneingeschränkte und uneigennützige Liebe, die mit weltlichem Verstand nicht zu fassen ist.

Erst durch die Veränderung unseres Geistes ist eine Annäherung an diese Liebe möglich. Menschliche Liebe basiert auf Gegenseitigkeit und will immer etwas haben. Lohn, Anerkennung oder was auch immer. Diese selbstlose Liebe, welche von dem Schöpfer an das Geschöpf, an sein Kind, ja an Dich Martin, ausgeht, kann man nur im Geist erfassen.

Doch leider wurde unser Geist aufgrund des Widersachers so verwirrt, dass wir diese Liebe nicht mehr automatisch erkennen. Wir halten unsere Existenz für das Non plus Ultra auf dieser Welt. Wie borniert!

Die Erde wurde zur Plattform, auf der Gott dem Menschen begegnen möchte. Das war immer sein Plan, auf Augenhöhe Gemeinschaft mit uns zu haben. Das war sein Herzenswunsch, eine liebevolle und lebendige Beziehung ohne Widrigkeiten und krankhafte Umstände.

In dieser harmonischen Beziehung, die Bibel schreibt vom Paradies, gab es keinen Tod, keine Krankheit, keine Lüge und nichts Störendes. Alles war perfekt und musste nicht verändert oder erweitert werden. Gott begegnete dem Menschen. Was für ein Zustand!

Neben diesem Schöpfergott gab es allerdings auch einen Widersacher, der diesem Plan entgegen stand. Er war von Beginn der Schöpfung an gegen eine solche Beziehung und arbeitete entsprechend dagegen.

Sichtbar wurde das erst, als es den Menschen und seine Fehlbarkeiten gab, die natürlich genauso zum Menschen gehörten, wie seine Fähigkeit zu lieben. Er fand darin ein leichtes Spiel, ihn mit Lügen und falschen Behauptungen zu ködern. Diese Lügen sind heute die gleichen wie damals, als er Eva und durch sie auch Adam verführte. Er versprach ihnen, Gott gleich zu werden und die Wahrheit zu erkennen.

Dabei befanden sie sich bereits in der Wahrheit und standen dem Schöpfer in nichts nach. *Menschen nach unserem Bilde.* Er köderte sie mit einer Lüge und sie verwirkten damit diese offene Liebesbeziehung zu ihrem Schöpfer.

Um dem Bösen ein für allemal seine Macht zu nehmen, konnte er nicht anders, als die Menschen so zu stellen, dass sie aus freien Stücken und mit einem freiem Willen, sich erneut zu ihm wenden könnten. Der freie Wille für eine Gottesbeziehung bedeutete nicht nur damals eine Entscheidung gegen das Böse.

Es war der Beginn des freien Willens sich für diese einmalige Agape Liebe Gottes zu entscheiden. Damit wäre der Einfluss des Bösen gebrochen. Nach wie vor wollte der Schöpfer eine Beziehung mit seinen Geschöpfen, auch wenn sie im Angesicht des Bösen schwach wurden. Allerdings hatte sich die Grundsituation völlig geändert, denn sie konnten nur mit ihrem freien Willen wieder zu ihm zurück kehren. Dieser freie Wille jedoch bereitet den Menschen bis heute deutliche Schwierigkeiten."

Ich kannte die Entstehungsgeschichte schon, wenn auch nicht ganz so tiefgreifend. Für mich war es seither einfach so, dass wir Menschen, durch rechte Glaubenseinstellung und Lebenshaltung, einen Zugang zu Gott finden müssten. Sicher auch aus Glauben und Vertrauen in diesen Schöpfergott und doch lag der Fokus irgendwie stets bei mir. Der Kampf zwischen gut und böse war weniger mein Thema.

„Martin, kannst Du Dich noch daran erinnern, wie Du als Kind im Sandkasten gespielt hast? Vielleicht daran, wie Du Stunden damit verbrachtest, etwas Schönes aus Sand zu gestalten, mit Wasser und einem Spachtel tolle Figuren oder Gebilde formtest und dabei Deine ganze Begabung und Leidenschaft hinein legtest? Und wie war es dann, wenn andere Kinder kamen und mit ihren Füßen alles kaputt trampelten? Wo Du so viel hineingelegt hattest wurde missachtet und zerstört. Vielleicht sogar von Freunden, mit denen Du sonst gut auskamst. Einfach aus Neid oder Missgunst."

Es gab in der Tat solche Momente. Ich weiß noch, wie ich damals tatsächlich einmal heulend vor meinem zertrampelten Sandhaufen saß und meine „Freunde" sich über mich sogar noch lustig machten. Es war eine Mischung aus Verzweiflung, Wut und ganz tiefem Schmerz. Ein Dolchstoß von hinten mitten im Herzen.

„So ähnlich kannst Du Dir den Schmerz des Vaters zum Abfall seiner Schöpfung, den Menschen vorstellen. Mit dem einzigen Unterschied, dass Gott nicht enttäuscht ist oder seine Liebe verweigert, wenn die Menschen ihn enttäuschen.

Gott hat eine tiefe immerwährende Liebe für alle Menschen in reichem Maß. Und er kennt ihre Schwächen und auch die Stärken des Widersachers. Das war der Grund, warum er sogleich dem Menschen die einzige mögliche Alternative gab, um dem Bösen ein für allemal Einhalt zu gebieten. Seinen Sohn. Doch das ist eine Leidensgeschichte für sich.

Das Problem der Menschen war es leider schon immer, sich über Gott zu stellen und zu meinen, aufgrund ihres freien Willens ihn nicht mehr zu brauchen. Egal, wo wir die Geschichte ansehen, erkennen wir diese ewige unsägliche Trennung von Gott. Der Mensch ist bestrebt, es selbst machen und können zu wollen.

Sobald es den Israeliten gut ging, fingen sie an, eigene Wege zu gehen. Gleiches war wenn es ihnen schlecht ging, prompt fanden sie in Gott einen Schuldigen.

Heute ist der Mensch nicht anders. Die Umstände haben sich geändert, die Grundeinstellung, es ohne Gott schaffen zu wollen, leider nicht.

In seiner Phantasie schuf sich der Mensch sogar Ersatzgötter und bildete eigene Religionen mit Regeln, denen man nachfolgen konnte, auch wenn er dafür eigene Götzen benötigte. Alles war gut, solange es nicht der eine Gott war, dem sie doch alles zu verdanken hatten.

Okkulte und menschenverachtende Rituale waren lange Zeit so verbreitet wie gottfremde oder vermeintlich christliche Wege. Die Perversion der menschlichen Entwicklung gipfelt nun im Humanismus unserer Zeit. Sicher hat der Grundsatz, leben und leben lassen, einen zutiefst guten Grund. Allerdings führt auch dieser weg von Gott. Denn es erhebt den Menschen mit seiner Lebensform und der eigenen Wertvorstellungen über Gott, der dadurch sogar überflüssig wird.

Diese Entwicklung basiert dabei auf einer schrecklichen Tatsache. Denn niemals zuvor wurden in der Menschheitsgeschichte so viele Gräueltaten und Verbrechen begangen wie unter dem Deckmantel des Christentums.

Allein ein einziger deutscher Bischoff ließ im 15. Jahrhundert über 1.400 Hexen verbrennen. Ob es der dreißigjährige Krieg, Folter in der Missionsbewegung oder die Benachteiligung von Minderheiten waren, im Namen des Herrn wurden die größten Verbrechen begangen, die es auf der Erde je gab.

Nicht beide Weltkriege zusammen kosteten so viele Opfer wie die fanatische Glaubenslehre.

Obwohl die Welt, wie auch die Menschheit durch und für einen Gott wurde, stellten sich so viele Geister gegen diesen Herrschaftsanspruch. Der Böse verstand es exzellent von Beginn an das Ego der Menschen für seine Zwecke, der Trennung von Gott, zu missbrauchen.

Wenn Du Dich heute umschaust, was erkennst Du dann?

Die Erde und alles was uns umgibt ist wohl die größte Liebesgeschichte an die Menschheit. Kein je erschaffener Ersatzgott beinhaltet diese große Liebe, die uns völlig zur Verfügung steht.

In diesem Punkt bin ich meinen leiblichen Eltern sehr dankbar. Wir Pharsen, genauso wie andere ursprüngliche Völker auch, haben früh gelernt, mit der Natur umzugehen und dem was wir ihr abringen konnten tiefe Dankbarkeit entgegen zu bringen, die diese bedarf.

Ich kann mich noch gut an die Geschichten meines Großvaters erinnern, wie er von einer guten Ernte, dem dringend erwarteten Regen oder der Geburt eines Jungtieres sprach. Stets war da eine Hochachtung für den Schöpfergott enthalten. Nichts war selbstverständlich.

Das ist der modernen Menschheit wirklich abhanden gekommen. Es geht doch vielmehr um die Verwirklichung eigener Vorstellungskräfte unabhängig von einem

Gott, da sich der Mensch selbst zum Schöpfer ernannte. Damit hat er sich selbst in eine pervertierte Stellung gebracht, die nur durch Neues, durch Errungenschaften und Entwicklungen, die jedoch vom Ursprung des Lebens weg führen, aufrecht erhalten werden kann. Schau Dich doch einmal um. Mittlerweile lebt auch Ihr in einer Spaßgesellschaft die alles möglich macht was Ihr Euch nur wünscht. Bei allem, was Ihr habt und noch erreichen könnt, vermisst Ihr dabei ganz tief im Innern doch eines. Diese vorbehaltlose Liebe. Die Liebe, die Euch so annimmt, wie Ihr seid.

Das geht in den Verstand nicht hinein – stimmt`s? Doch dieser Mangel ist durch nichts auszugleichen und hinterlässt so etwas wie eine latente Traurigkeit – einen fahlen Geschmack.

Oder wie war es, als Du heute Morgen aufgewacht bist, hast Du da nicht genau dieses hilflose fragende Gefühl, diesen fahlen Geschmack des nutzlosen Lebens in Dir spüren können, der Dich umtreibt?“

Er hatte tatsächlich den Nagel auf den Kopf getroffen. Wie oft habe ich mich in den letzen Monaten schon gefragt, was meinem doch so tollen Leben fehlt und wie ich diese Zufriedenheit, die ich vermeintlich an anderen gesehen hatte, bekommen könne. Ja, das war meine Situation. Alles zu haben und doch geistlich arm zu sein.

„Die Hauptsache ist nicht mehr die Hauptsache und der Mensch versucht, sich durch permanente Beschäftigung, von genau dieser Begegnung mit dem Schöpfergott abzulenken. Aus Angst vor der Wahrheit. Sie glauben lieber den offenen Lügen und allerlei vermeintlichen Befriedigungen, anstatt sich ernsthaft über ihre Situation Gedanken zu machen.

Weißt Du Martin, es wird eine Zeit kommen, an der diese Welt nicht mehr sein wird. All das Streben und Ringen nach Selbstverwirklichung mit möglichst vielen wertvollen Ablenkungen und Lebensanreicherungen wird dann ein Ende haben.

Ob das bei Deinem Tod oder am Ende der Weltzeit sein wird spielt dabei keine so große Rolle. Deine 70 oder 80 Jahre die Du hier auf der Erde verbringst sind nichts im Vergleich mit dem was war und noch kommt.

Und die 4,6 Mrd. Jahre Schöpfungs- und Erdenzeit sind ebenso nichts im Vergleich zur Ewigkeit. Nur ist das für den menschlichen Verstand nicht zu begreifen. Es ist ja schon schwierig 2.000 Jahre zurück zu Jesus oder 2.000 Jahre nach vorn zu denken.

Die maximale Planungszeit einer Regierung wurde leider auf vier Jahre festgelegt. Das ist der Zeitraum der Verantwortung. Denn spätestens wenn eine andere Regierung gewählt werden würde, könnten alle Fehlplanungen oder nicht eingetroffenen Veränderungen ganz bequem abgeschoben werden.

Bei Gott ist das nicht so. Er plant nicht für 80 Jahre oder 2.000 Jahre, nein, Gott plant für die Ewigkeit.

Und doch liegt es im Herzen des Schöpfers, mit seinen Geschöpfen zusammen zu sein. Aber nicht nur für diese 80 Jahre, sondern für alle Zeit. Das Leben hier ist nur die Zeit, in der Du Dich für ihn entscheiden kannst.

Du denkst, Du müsstest möglichst viel erreichen und erwirtschaften oder erfolgreich sein. Vielleicht eine Familie gründen und Verantwortung dafür übernehmen. Du denkst, möglichst eine humanistische oder soziale Ader haben zu müssen, um so Dein Gewissen zu beruhigen. Du denkst, dass die Zeit hier auf Erden die wichtigste ist die zählt.

Falsch!

Es kommt da noch so viel mehr. Das Problem der Menschen ist ihr begrenzter Horizont. Sie haben verlernt, über ihre eigenen Fähigkeiten und Möglichkeiten hinaus zu blicken und halten das, was sie können und haben für das Optimum in ihrem Leben. Wer viel erlebt hat gelebt.

Den Fokus allein auf diese Welt zu richten, ist schon in Anbetracht der bekannten Galaxien eine Farce an sich und entbehrt jeder gesunden Grundlage.

Wer schon einmal gesehen hat, wie ein neues Leben auf die Welt kommt, weiß genau wie kostbar und wertvoll dies ist. Glaubst Du wirklich ein Schöpfergott würde sich mit diesen 80 Weltlebensjahren begnügen? Glaubst Du nicht auch, dass er eine Möglichkeit hat, noch viel länger mit denen zusammen zu sein, die ihn lieben?

Traust Du jemandem, der den Abstand und die Flugbahn der Sonne so exakt berechnen konnte, dass das Leben auf der Erde nicht verbrennt oder erfriert nicht zu, dass er es auch möglich machen kann, Seelen zu retten?

Wie borniert muss man sein, sich darüber hinweg zu setzen. Ich staune über die Strategien des Teufels und seine Wirksamkeit immer mehr. Er hat es in der Tat verstanden dem Menschen den Kopf zu verdrehen der, obwohl eine fast perfekte Schöpfung vor ihm liegt, sie doch nicht als solche erkennt. Er hat es verstanden, Zwietracht zwischen den Menschen und Gott, gleich wie zwischen den Menschen an sich, zu schüren und aufrecht zu erhalten."

Wow, so wie Thomas das erzählte habe ich die Beziehung zu Gott noch nicht gesehen. Dass die ganze Erde für mich und eine Liebe geschaffen wurde, die ich durch mein eigenes Engagement, erfolgreich und glücklich zu sein, missachtete, war schon eine Erkenntnis, die in meinem Herzen nun sehr weh tat.

Doch es stimmte schon, ich versuchte im Grunde alles nur um mich drehen zu lassen und hatte auch diese Angst, nicht genug vom Leben ab zu bekommen.

Wie war das in der Schöpfungsgeschichte der Bibel, und Gott sprach es werde Licht und es ward Licht. Ich habe das immer so oberflächlich überlesen ohne den tieferen Sinn dabei zu erkennen. Ein Gott, der durch Sprache Schöpfung möglich macht.

Neulich las ich in einer Zeitschrift darüber, wie es Menschen nun möglich ist, Lichtteilchen zu teleportieren. Also ein Lichtteilchen ohne physische Krafteinwirkung an einen anderen Ort zu transportieren. Was wäre das für eine Weltrevolution im Reise- und Transportwesen. Dinge ohne Laster oder Flugzeuge zu bewegen.

Bei Gott ist das ganz einfach. Leider geht es oft nicht in unseren Kopf hinein, weil einfach zu hoch. Aufgrund unserer eigenen strebsamen Eigenschaften fällt es uns zudem noch schwer, es einfach so anzunehmen. Missgunst ist bereits in unserem kurzen Leben ein weitverbreitetes Übel.

Vielleicht war es ja genau das, was meine damaligen Spielkameraden dazu bewegte, meine Sandburg einfach kaputt zu machen. Sie selbst hatten so was nicht und gönnten es mir nicht. Anstatt sich mit mir darüber zu freuen, mussten sie es zerstören und setzten sich mit Schadenfreude über mich hinweg.

Also wenn so der Teufel arbeitet, dann ist es allerhöchste Zeit, dies zu erkennen. Sonst steuern wir langsam aber sicher unserem eigenen Untergang entgegen.

Was sagte Thomas noch:

„das Böse ist nicht stärker als das Gute, es dominiert nur deshalb, weil das Gute auf der Erde viel zu träge geworden ist.“

Dann fragte er mich, ob ich tatsächlich glaube, dass jemand, der eine solche perfekte Welt schuf, einfach die Hände in den Schoß lege und den Menschen seinem Schicksal überlasse. Ich könne sicher glauben, dass dieser Gott auch eine Lösung zu unserem Problem der Selbstbestimmung und der Anfechtungen des Bösen habe.

Genauso wie er nicht in irgendeinem Himmel säße und auf die Erde schaue, ob und wie sich die Menschen entwickeln würden. Auch diese Vorstellung finden wir in der Tat in vielen Glaubens- und Religionslehren wieder.

Die prüfende Gottheit im Himmel, welche besänftigt und gut gestimmt werden müsse. Was für kindliche und in der Tat dumme und völlig lieblose Theorien, die seit Menschengedenken aus Gott einen willkürlich sadistischen Herrscher machten und Menschen dazu brächten, für ihr Seelenheil fast alles zu tun.

Ein Gott der dies alles schuf, den Menschen ihm zum Bilde, der würde sich nicht einfach zurück ziehen, sondern in der Tat einen ganz bestimmten Plan haben. Dieser Plan sei über allen unseren Vorstellungen, so wie wir uns auch keine sprachgesteuerte Schöpfung vorstellen können.

Dieser Plan würde schlussendlich eine Möglichkeit schaffen, mit diesem Gott in Beziehung zu treten und seine Agape Liebe zu spüren. Er musste aber auch so weit gefasst sein, dass alle Menschen das Böse überwinden konnten, egal welche

Prägungen und Voraussetzungen sie hätten. Dieser Plan würde über allem stehen und wieder in eine Art Paradies, dem Ursprungszustand der Gott-Menschbeziehung, zurückführen.

Mir kam der Gedanke dass ich in der Tat meine Gottesbeziehung oft an dem bemessen habe, was er für mich getan hatte. Das Maß meiner Gebetserhörungen war der Grad meiner Beziehung zu ihm. Wie peinlich und unglaublich dumm dieser Gedanke doch ist.

Thomas stand nur da und ließ mich mit diesen Überlegungen allein. Irgendwie hatte ich das Gefühl, dass er sie genau kannte. Diese einfachen Tatsachen, die Schöpfung, die Erde, der Mensch und die Beziehung zum Vater, ich hatte sie vergessen.

Überspielt, mit den mir von ihm gegebenen Fähigkeiten, zerarbeitet und wegrationalisiert. Ja, ich setzte ich mich regelmäßig über Gott hinweg. Allein dadurch, dass ich nichts von ihm wissen wollte und versuchte, ständig mein eigenes Ding zu machen, missachtete ich ihn auf das Schlimmste.

Mein Glaube war in der Tat ein Sonntags- und Alibiglauben und eine lebendige Beziehung sah ich bislang nicht wirklich. Ich fühlte mich plötzlich so schlecht und es war mir peinlich, Thomas in die Augen zu blicken. Ich wusste so wenig von Gott. Wie konnte ich mich nur gläubig nennen, manchmal sogar über andere stellen und dabei so wenig von dieser echten Liebe wissen?

Wie nannte er sie: „Agape Liebe“, davon musste ich mehr wissen. Ich wollte diese Agape verstehen. Wieso konnte Gott den Menschen immer noch lieben, obwohl er, auch ihm gegenüber, so viel Schlechtes hervorbrachte.

Verachtung, Kriege, Opfer - ich sah im Geiste eine Blutspur des Bösen hinter uns. Ja, Trennung von Gott ist wohl die größte Sünde.

Dabei habe ich diese Dreieinigkeit vom Vater, Sohn und Heiligem Geist niemals so ganz verstanden. Es war wie ein Mysterium, das nicht ergründet werden konnte. Somit lag, zumindest für mich, immer etwas Geheimes um das Gottesbild.

Vielleicht war das aber auch der Grund, warum es mir so schwer fiel, eine klare Beziehung zu diesem Schöpfer aufzubauen. Wen sollte ich denn anbeten, Gott selbst, Jesus der wie wir aussah oder den Heiligen Geist?

Seither entschied ich das je nach Gebetsanliegen, spürte jedoch nun, dass dies für mein Verständnis und der Grundlage meines Glaubens, entscheidend war. Was ich nicht verstand, dem konnte ich auch nicht richtig folgen.

Ganz spontan fragte ich: „Thomas, wie ist denn Gott eigentlich so?“

Gottesbild

„Um Gott zu verstehen musst Du begreifen, dass Jesus nicht Plan B ist“, sagte Thomas daraufhin und drehte sich, auf dem Baumstamm sitzend, zu mir hin. Ich war sehr gespannt, was er zu sagen hatte.

„Den heute geläufigen Religionsverständnissen liegt zu Grunde, dass Gott seinen Sohn auf die Erde schickte, um dem Menschen damit einen Weg zu ihm zu ermöglichen. Das hört sich fast so an, als ob Gott durch den Bösen gezwungen wurde etwas zu machen, was nicht vorgesehen war.“

„Wie bitte“, sagte ich verwundert und blickte ihn ungläubig an.

„Komm, lass uns etwas weiter gehen“, antwortete er und wir gingen von dem verwunschenen wunderbaren Platz mit dem Bach und meinen völlig neuen und überreichen Eindrücken weg. Komisch, dass ich noch nie dort war, dabei ist es doch ziemlich nahe. Aber der Tag war sowieso schon so überreich an Erfahrungen und Besonderheiten, dass ich die Eindrücke einfach in mich aufsog. Keinen wollte ich davon missen oder vergessen. Ich nahm mir vor, so bald als möglich mit Anne über das alles zu sprechen.

Habe ich mich tatsächlich nochmals taufen lassen? Jetzt, wo ich beim Gehen darüber nachdachte, spürte ich wieder dieses starke Brennen in mir, das mich vorhin so tief berührte. Irgendetwas war geschehen. Im Grunde wusste ich, was, doch mein Verstand konnte es noch nicht in Worte fassen. Meine Überwältigung war größer als meine Fähigkeit die Dinge zu ordnen.

Wir schlenderten den gewundenen Weg etwas hinunter, verließen die Lichtung und drangen dabei noch tiefer in den Wald hinein. Wieder spürte ich seine Kühle und angenehme Frische.

Es dauerte ein wenig, bevor Thomas wieder zu sprechen begann. Zwischenzeitlich stieg meine Spannung und die Gedanken sprangen nur so umher.

Auch ich wurde einmal von unserem Jüngsten, Mark, nach Gott gefragt. Ich kann mich noch gut daran erinnern, denn ich war der Meinung, damals keine so überzeugende und erklärende Antwort gegeben zu haben. Was sagt man einem Zehnjährigen der nach Gott fragt und was einem Dreißigjährigen?

Es fiel mir schon immer schwer, solche geistlichen Dinge klar zu benennen. Vielleicht lag dies aber auch an der Tatsache, dass ich mit Kollegen und anderen Menschen mit denen ich umging, eben nicht über Gott sprach.

Er war einfach nur dieser „Teilgott“, wohl immer irgendwie da, jedoch nie richtig präsent. Gott war eben an seinem Platz.

„Was ist denn Gott für Dich?“, fragte Thomas nun.

Nicht überrascht antwortete ich, was ich damals meinem Sohn auch geantwortet hatte. „Gott ist der Schöpfer des Himmels und der Erde und wir wollen nach unserem Tod mit ihm und allen Lebewesen, im Himmel weiterleben."

„Ok", sagte er, „soweit die Kinderversion. Und was ist Gott in diesem Leben für Dich genau?"

Ich begann aufzuzählen, was ich so alles über den Glauben wusste. Ich erzählte von dem Schöpfer aller Dinge, vom Paradies und der Ursünde, dem Abfall seines Volkes und der Sendung seines Sohnes zur Schuldsühne für uns. Alles, was ich über Gott und Jesus wusste, gab ich zum Besten und dachte, dass das schon recht viel sei. Am Ende sagte ich noch, dass Jesus uns den Heiligen Geist bis zu seiner Wiederkunft als Beistand zurückgelassen hatte. Insofern wusste ich ziemlich genau, was recht und was unrecht wäre, nicht nur aus den zehn Geboten sondern ich konnte sogar einige Eigenschaften aus Galater 5 zitieren.

Diese Stellen haben wir in unserem ersten Hauskreis zur Gänze durchgearbeitet. Die Werke des Fleisches wie: Ehebruch, Unzucht, Unreinheit, Ausschweifung, Götzendienst, Zauberei, Feindschaft, Hader, Eifersucht, Zorn, Ehrgeiz, Zwietracht, Spaltungen, Neid, Mord, Trunkenheit, Gelage und dergleichen.

Ebenso die Frucht des Geistes wie: Liebe, Freude, Friede, Geduld, Freundlichkeit, Güte, Treue, Sanftmut und Enthaltsamkeit.

Sie dienten uns fast wie eine Art Richtschnur in unserem Leben und wir konnten uns damit gegenseitig ermutigen. Oder war es doch eher prüfen? Jetzt, wo ich diese Litanei an Eigenschaften und Verfehlungen aufzählte, so direkt in Zusammenhang mit der Bedeutung von Gott, kam mir das irgendwie dämlich vor. Wenn ich so und so und nicht anders wäre, dann wäre ich - ja was denn eigentlich?

Spontan erinnerte ich mich an meine erste Freundin, die ständig versuchte, mich zu ändern. Sie wollte mich nach ihren Vorstellungen verbiegen. Das ging so lange gut, bis es eben scheiterte.

Eine Parallele wurde in mir wach. Im Eifer, Gottes Gunst nachzujagen, versuchten wir uns, nein, versuchte ich mich vor ihm gut darzustellen. Was für eine Farce. Thomas lächelte mich an, so als ob er meine Gedanken erriet.

„Weißt Du Martin, Gott ist ganz anders als Du denkst und mit welcher Vorstellung auch immer Du versuchst, ihn in ein für dich stimmiges Bild zu pressen, verzerrst Du nur seine Wahrheit.

Das einzige, was Dir wirklich hilft, Gottes Wesen zu verstehen, ist, im aufrichtigen Gebet, in der Heiligen Schrift zu forschen und mit seinem Geist und seiner Wahrheit für Dich zu rechnen. In der Bibel zeigt er eine Vielzahl von Begebenheiten, an denen wir erkennen können wie er ist. Du wirst nie einen Satz finden, der angibt, wie Gott genau sei. Es sind vielmehr die von Gott geführten Entscheidungen, die uns ein vages Bild aufzeigen sollen. Doch auch dies kannst Du mit Deinem

Verstand nicht ganz erfassen. Nur der Geist von Gott selbst eröffnet es Dir. Nur der von Gottes Geist berührte Mensch, der sich aus freiem Willen zu ihm bekennt, wird Stück für Stück in diese Wahrheit geführt.

Erinnere Dich an Deine Bibelstudien vor und nach deiner Bekehrung. Wie war das damals, als Du in der Bibel gelesen und nichts begriffen hast? Erst, nachdem Du Dich bewusst für Gott entschiedest, wurde die Schrift klarer. Der Heilige Geist lebt seit dieser Zeit in Dir und will Dich in genau diese Wahrheit führen. Zuvor war es unmöglich, dass zu erkennen.

So ähnlich ist es mit dem Gottesbild, das wir durch unsere individuelle Historie in uns haben. Der natürliche Mensch beurteilt seine Umwelt und die Dinge immer in dem Maße seiner Erziehung, seines Verstandes und der Informationen, die ihm zugänglich sind.

Religionen versuchen seit jeher, uns das Bild eines Dreieinen Gottes darzustellen, damit auch die einfachsten, damals ungebildeten Menschen, dies verstünden. Vater, Sohn und Heiliger Geist. Wenn Du darüber nach denkst, findest Du sicherlich rasch ein passendes Bild für jede Person.

Am ehesten geht das noch mit Jesus, der ja als Mensch auf der Erde war und von dem wir eine genaue Vorstellung in uns tragen. Er war uns am ähnlichsten. Als Mensch geboren, aufgewachsen und den gleichen Situationen und Anfechtungen ausgesetzt wie wir auch. Verfolgt und gekreuzigt für seinen Glauben, der unsere Sünden sühnt. Nur mit dem Bild, das Jesus in das Totenreich gegangen und am dritten Tag auferstanden ist, ist das so eine Sache, die leicht zerredet werden kann. Für den Menschen ist die Vermischung von geistlichen und weltlichen Realitäten wirklich schwer zu begreifen. Jesus war in der uns bekannten Realität zeitgleich aber auch in der Geistlichen.

Vor allem der Kampf der Wissenschaften zeigt dies deutlich. Von Beginn an gab es Differenzen zwischen der Geistes- und der Naturwissenschaft. Die Naturwissenschaften haben dabei ständig versucht, sich über die Geisteswissenschaften zu heben. Durch den Versuch der Reproduzierbarkeit von Prozessen und dem Verstehen von Zusammenhängen, erhoben sie sich über den Wunderglauben dem Christen folgen.

Nur was wir begreifen und wiederholen können ist demzufolge real. Das andere nur noch nicht genügend erforscht.

Wir begreifen in Bildern, diese sind jedoch zwei-, manchmal auch dreidimensional, wodurch sie in ihrer Informationsübermittlung stark beschränkt sind.

Bei einer vierdimensionalen Betrachtung wird die Raumzeit berücksichtigt, was heißt, dass die Zeit den Raum beeinflusst. In diesem unklaren Verständnis versuchen die Menschen nun Gott zu finden oder ihm einen Platz zuzuweisen. In eben dieser Raumzeitkontinuität, welche das Universum und alles Übrige geschaffen hat.

Allerdings kann Gott in diesem Gefüge überhaupt keinen Platz bekommen, was es uns so schwierig macht, ein Bild von ihm zu gestalten. Da in unserer Vorstellung eine Sache oder eine Person immer eine stoffliche oder wahrnehmbare Eigenschaft haben muss, versuchen wir uns meist etwas Derartiges vorzustellen.

Beim Heiligen Geist ist dies schon etwas einfacher, da man ihn als Geist, vielleicht ähnlich wie Luft, darstellen kann. Doch Gott – Geist oder Luft?“

Thomas machte eine Pause.

Dabei erinnerte ich mich, wie meine Mutter mir einmal den Himmel beschrieb. Auch ich fragte sie eines Tages nach Gott, dem Himmel und wie es da aussehen mag. Sie sagte, dass man dort in Frieden lebe, keinen Hunger mehr hätte und sogar mit den Tieren sprechen würde.

Eine wirklich schöne und doch kindliche Vorstellung von einer heilen Welt. Dabei ist die Wahrheit so viel größer. Aber wie sollte ich das je richtig begreifen.

Er fuhr fort: „Martin, Du kennst sicher den Satz, *ich denke also bin ich*. Doch was ist, wenn Du nicht denkst, bist Du dann nicht mehr? Was in der Welt ist also real und was nicht? Ist etwas nur real, wenn wir es sehen, nachbilden oder begreifen können oder ist etwas auch real, wenn es unser Vorstellungsvermögen übersteigt?

Das ist die grundsätzliche Frage, bevor wir uns an die Lehre der Dreieinigkeit heranwagen. Menschen versuchen mit dem Verstand und der vier Dimensionen Lehre die Realität zu begreifen. Das dies mit Gott nicht machbar ist liegt bereits in der Bibel, ganz am Anfang des Johannesevangeliums begründet, wo es heißt: *Im Anfang war das Wort, und das Wort war bei Gott, und das Wort war Gott.*

Diese Tatsache verändert alle Relativitäten dieser Erde und alles, was über naturwissenschaftliche Erkenntnisse hinaus geht. In Vers 14 heißt es weiter: *und das Wort ward Fleisch und wohnte unter uns…*

Es ist genau dieses Logos, das dem Schöpfer zu zuschreiben ist; aus Gedanken Worte und aus Worten Schöpfung zu machen. Erst wenn Du diese Tatsache als Wirksamkeit begreifst, bewegst Du Dich nicht mehr in drei oder vierdimensionalen Ebenen und dann erkennst Du auch, dass Gott nicht nur einen Anteil oder Platz in dieser Schöpfung hat, sondern diese Schöpfung selbst ist.

Bei allem, was Du um Dich herum als Schöpfung wahrnimmst, sei es der Himmel, die Sonne, die Vegetation in Form von Pflanzen oder auch alle Lebewesen, einschließlich der Menschen, gibt es einen gemeinsamen Nenner. So unterschiedlich die Erscheinungsformen dieser Schöpfung auch sein mögen, sie tragen doch die gleiche Handschrift dessen, der alles gemacht hat. Es ist schlichtweg die Liebe des Schöpfers zu seiner Schöpfung. Heißt für uns Menschen, die Liebe vom Schöpfer zum Geschöpf.

Neben der Entstehungsfrage und der Fähigkeit eines Gottes durch seine Sprache Wirklichkeiten entstehen zu lassen, ist dies die zweite wesentliche Tatsache, die Du anerkennen musst, um Gott wenigstens annähernd zu verstehen. Gott liebt, was er erschaffen hat und das unabhängig von der jeweiligen Entwicklung dessen.

Diese zwei Voraussetzungen musst Du akzeptieren, sonst kannst Du das Ganze nicht begreifen. Es ist die Grundlage des Glaubens schlechthin. Erst danach beginnt die menschliche Geschichte, die so oder so ähnlich verlief, wie Du sie kennst. Um mehr von diesem Gott zu erfahren, musst Du Dich mit ihm und dem was er geschaffen hat, mehr beschäftigen.

Das sich Gott Dir offenbaren möchte ist die eine Sache, dass Du Dich aufmachst, eine völlig andere. Demnach ist die Frage niemals, wo Gott ist, vielmehr wo Du bist.

Wenn Gott der Schöpfer aller Dinge ist, glaubst Du dann wirklich, dass er irgendwo in einem der Himmel sitzt und auf seine Schöpfung hinunterblickt und zuschaut was die Menschen so daraus machen?

Das Verstehen um die Dreieinigkeit von Vater, Sohn und Heiliger Geist ist nicht ohne die Relativierung dieser dümmlichen Vorstellung zu schaffen. Seit es Menschen gibt, versuchten sie, Gott in den Himmel zu verbannen.

Dabei gaben sie ihm allerlei Charaktere und sprachen ihm, entsprechend der weltlichen Belange und Situationen, Schuld zu oder bemächtigten sich sogar seines Namens um eigene Interessen voran zu treiben. Gott musste schon immer für alles Schlechte herhalten. Das vermeintlich Gute sprach sich der Mensch selbst zu. Oder wie ist das bei Dir? Gehen wir doch einmal in Deine Arbeitswelt. Wer ist da der Macher, Gott oder doch Du selbst?“

Ich wusste, dass ich an dem Punkt empfindlich bin, denn in der Tat war ich nicht ganz ohne Stolz auf das was ich privat aber vor allem arbeitsmäßig erreicht habe. Menschen, die auf mich hören müssen, was gibt es erfolgreicheres als das? Harte Arbeit steckte dahinter und ich schrieb es tatsächlich nicht Gott, sondern meist mir, meinem Verstand und den geleisteten Überstunden zu. Nein, Gott war da nur selten in meiner Vorstellung am Werk.

Gott war überhaupt eher eine graue Eminenz, der ich durch meine Willensentscheidung und Verhalten gerecht zu werden versuchte.

Wir besuchten die Sonntagskirche so wie wir am Tisch beteten. Wir wussten um die Erlösung. Dann kam zumindest bei mir jedoch nicht mehr all zu viel. Denn das Leben ging ja irgendwie weiter. Gott verstand ich eher derart, dass er wohl alles sah und einen gewissen Anteil daran hatte, in meiner Welt musste ich der Initiator und der Ausführende sein. Alles unter den Augen Gottes, der dies werten würde.

Das war mein Verständnis darüber und ich kannte auch meine nicht ablegbaren Unzulänglichkeiten, schrieb diese aber ebenfalls meines Menschseins zu. Menschen machen nun mal Fehler und sind nie völlig sünd- und schuldlos. Diese dürften wir dann brav vor Gott bringen und er würde sie, durch die Kreuzestat von Jesus, irgendwie neutralisieren.

Wahrlich, mein Gottes- bzw. Glaubensbewusstsein hatte schon etwas aus der Vorschule an sich. Jedoch konnte ich mich auch nicht ganz so, wie Anne es immer machte, darüber informieren. Sie konnte als Hausfrau in ihren „Freizeiten", deutlich mehr darüber in Erfahrung bringen als ich. Wenn ich abends nach Hause kam, war meine Batterie meist leer. Meine Quellen waren eher aus der Predigt als aus der Schrift und aus dem, was ich mir dann so zusammenreimte. Thomas hatte recht, ich machte mir in der Tat ein Gottesbild aus meinen für mich bequemen und machbaren Vorstellungen.

„Martin, ich erzähle Dir ein Beispiel, um zu verdeutlichen was ich mit weltlichen Vorstellungen und Gottesbildern meine. Jesus wurde von einigen Sadduzäern nach der Ehe im Himmel gefragt. Sie konstruierten eine Geschichte, mit der sie ihn in eine Falle locken wollten.

Eine Frau habe nacheinander sieben Brüder zum Mann gehabt, da jeweils einer nach dem anderen starb und an die Stelle seines Vorgängers trat, was soweit gesetzeskonform war. Wessen Frau wäre sie dann nach ihrem eigenen Tode im Himmel? Bemerkenswert ist die Antwort von Jesus, der in Lukas 20,34 sagte: *Die Kinder dieser Weltzeit freien und lassen sich freien, welche aber gewürdigt werden, jene Weltzeit zu erlangen und die Auferstehung von den Toten, die werden weder freien noch sich freien lassen, denn sie können auch nicht mehr sterben; denn sie sind den Engeln gleich und Söhne Gottes, da sie Söhne der Auferstehung sind.*

In dieser ausführlichen und weitreichenden Antwort sind wesentliche Dinge enthalten, die von Bedeutung sind.

Jesus sagt zum Einen, dass es ein Leben nach dem Tode gibt und bestätigt die Auferstehung derer, die zu ihm gehören. Dann sagt er etwas darüber, dass es im Himmel keinen Tod mehr gibt und die Seinen nicht mehr sterben werden. Auf der Welt gibt es Ehen und Gemeinschaften, im Himmel nicht mehr. Dass da alles ganz anders sein wird als hier auf der Erde, sagt er dadurch, dass er die Auferstandenen eine besondere Gruppe nennt und sogar mit Engeln und Söhnen Gottes (männlich wie weiblich) vergleicht.

Die Menschen versuchten schon immer, das Himmelreich nur mit ihren Augen und ihrem Verstand wahrzunehmen. Das ist fast so, wie man Gott heute diverse Eigenschaften und Funktionen zuordnet, was in keinster Weise auch nur annähernd richtig ist, wie Jesus so eindrücklich festhielt.

Die maßgebende Erkenntnis ist:

Es wird alles ganz anders sein!

Gottes Trinität ist ebenso ganz anders und bleibt eine grundlegende Eigenschaft unseres Glaubens und es lohnt, darüber Erkenntnis zu erlangen.

Dies geschieht jedoch nicht durch Forschen und Ergründen, sondern nur durch eine von Gott geschenkte Offenbarung. Dieser Offenbarung entgegen zu gehen ist die einzige Aufgabe. Alles andere folgt danach. Eine lebendige Beziehung ist eine Beziehung zu eben diesem dreieinen Gott.

Leider gehen wir manches Mal mit falschen Erwartungen in diese Beziehung. Wir suchen darin Wunder, er unser Herz, wir brauchen Bestätigung, er unsere Hingabe, wir wollen die möglichst überreichen Fähigkeiten und Gaben, er braucht Nachfolger und keine Bewunderer.

Du siehst, es sind oft verschiedene Herangehensweisen zueinander, die bei uns aus unserem weltlichen Verständnis gründen. Wenn wir diese überwinden, können wir ihn die Wahrheit in unser Herz schreiben lassen. Denn genau das möchte er.

Dazu gibt es so viel Wege, wie es Menschen gibt, die jedoch alle über den Einen für uns sichtbaren Gott führt, Jesus Christus. Er ist unser Schlüssel, der Zugang zur heiligen Dreieinigkeit, die nicht irgendwo im Himmel lebt und wartet. Jetzt sage ich Dir ein Geheimnis, Martin. Die ganze Schöpfung, alle Menschen und Tiere, die Wasser, Farben und alles was lebt und wächst, ist für diese Jesusbeziehung geschaffen worden. Das ganze Leben hat genau diesen einen Sinn, in Verbindung mit ihm zu sein. Die Heilige Schrift weist dabei von Anfang bis zum Ende auf das Kommen und die Erlösung durch Jesus hin. Schon in Adam liegt im umgekehrten Sinn Jesus verborgen. Alle weltlichen Geschehnisse sind auf diese Beziehung des Schöpfers mit dem Geschöpf ausgelegt. Dies war von Beginn der Schöpfung das erklärte Ziel Gottes und bis heute hat sich daran nichts geändert.

Deine Frage, wieso in der Bibel die Erschaffung des Menschen in der Mehrzahl erfolgte, ist die Grundlage der Beziehung zur Dreieinigkeit Gottes. *Lasst uns*, heißt dass der Vater, Jesus und der Heilige Geist, gleichermaßen Schöpfer sind. Eine Schöpfung findet nicht durch Abspaltung dieser drei statt, sondern nur in symbiotischer Kraft.

Nach unserem Bilde bedeutet, dass Gott wie wir Empfindungen hat. Ohne diese Empfindungen wäre keine lebendige Beziehung möglich. Unser Wahrnehmen, Fühlen und Erleben ist demzufolge ähnlich wie das des Vaters, der uns schuf.

Das ist die Grundlage und der Zugang zu dieser Beziehung. Damit ist Gott nicht ein übersinnliches und unerreichbares Wesen, sondern für uns ganz real und praktisch wahrnehmbar.

Wenn dem nicht so wäre, würden wir uns etwas vorstellen und einreden müssen, zu dem wir niemals einen Zugang hätten. Gottes Wege sind so weitreichend, dass er uns mit diesen Zugangspunkten für eine gegenseitige Liebe ausstattete. Die Liebe ist der zentrale Schlüssel denn die Liebe ist das Markenzeichen Gottes. Als Jesus von den Jüngern gefragt wurde, was denn das größte Gebot sei, sagte er in Matthäus 22,36 ff.: *Du sollst deinen Herrn, deinen Gott, lieben mit deinem ganzen Herzen und mit deiner ganzen Seele und mit deinem ganzen Gemüt (Denken). Das ist das erste und größte Gebot.*

Ein anderes aber ist ihm gleich: Du sollst deinen Nächsten lieben wie dich selbst. An diesen zwei Geboten, hängt das ganze Gesetz und die Propheten.

Aus dieser Antwort können wir deutlich die Wertigkeit Gottes erkennen. Wir sollen ihn ebenso lieben wie die Menschen um uns herum. Um dieser Liebe zu Gott auf den Grund zu gehen, müssen wir unsere Beziehungen zu anderen Menschen betrachten. Wie gehen wir miteinander und füreinander um? Haben wir für unsere Mitmenschen eine solche Liebe wie für Gott?

Wie ist das in Deiner Firma, Martin, betrachtest Du die Menschen als von Gott geschaffene Wesen und kannst eine Liebe zu ihnen spüren? Oder bei Deinen Nachbarn, Freunden und Bekannten? Wir sprechen nicht über die Liebe zu Deiner Frau und Deinen Kindern, oder den Eltern, alles Menschen von denen Du auch beschenkt wurdest. Diese Liebe liegt in der gegenseitigen Wechselwirkung und ist nicht die Liebe Gottes.

Die Liebe Gottes ist die bereits angesprochene Agape Liebe und völlig selbstlos. Sie erwartet nichts und wird nicht weniger, wenn sie nicht erwidert wird. Dabei ist sie die gleiche, die wir unseren Mitmenschen entgegenbringen können.

In der Antwort von Jesus sind zwei Geheimnisse verborgen. Das erste liegt darin, wen und mit welcher Wertigkeit wir lieben sollen. Erstens Deinen Gott lieben, zweitens wie Dich selbst und drittens Deinen Nächsten lieben.

Gott zu lieben, ist die oberste und lebenswichtigste Liebe für uns Menschen. Ohne die Liebe zum dreieinigen Gott ist unser Leben sinnlos und wie ein Hauch im Wind. Ohne Nachzudenken jagen wir weltlichen Bestätigungen nach, die jedoch in der Bedeutungslosigkeit untergehen. Nur in der Liebe zu Gott bekommen wir das Wasser, das nie mehr durstig macht. Alles was wir von der Welt bekommen, ist vergänglich und stillt unser tiefes Verlangen nach Liebe und Geborgenheit nicht. Es ist äußerst kurzlebig und entfacht nur noch mehr Durst. Die Beziehung zum Schöpfer aller Dinge ist die einzige und wahre Lebensquelle, die uns trägt. Sie ist das ultimativ Ursprüngliche.

Deinen Nächsten lieben, ist die essentielle Grundlage des zwischenmenschlichen Zusammenlebens. Die Frage ist, ob wir Nutzen bringen oder nur auf unseren Vorteil bedacht sind. Wenn mir mein Gegenüber nicht mehr egal, ich ihn nicht nur benutzen sondern ihm dienen möchte, dann verändert sich mein Beziehungsverständnis grundsätzlich. Wir sind nicht auf der Welt, um uns gegenseitig auszustechen oder zu übertrumpfen. Es wird uns nur so beigebracht, selbstzentriert und egoistisch zu handeln ist sogar in Mode gekommen. Dabei bringt uns das vom Wesentlichen weg - der Liebe zueinander. In einer liebenden Gemeinschaft ist so vieles möglich.

Wie Dich selbst lieben, ist die Grundlage der gegenseitigen Liebe. Denn Du musst lernen, Dich so anzunehmen wie Du bist. Vor Gott musst Du nichts darstellen oder sein. Er liebt Dich einfach so. Wenn Du nicht lernst, Dich ebenso anzunehmen, wirst Du niemals andere Menschen einfach so annehmen können und ständig etwas Unvollkommenes darin finden, das Dich dieser Liebe beraubt.

Du bist unvollkommen und darin liegt auch schon der Grund seiner Liebe. Annehmen ohne Perfektion oder Leistung. Das ist die Grundlage für seine Liebesbeziehung. Oder wie war das für Dich damals, als Menschen ständig versuchten etwas aus Dir zu machen oder Dich verändern zu wollen. Keine wirkliche Liebesgrundlage. Vor oder für Gott musst Du nichts sein oder werden. Da bist Du bereits etwas ganz Besonderes.

Das nächste Geheimnis, das Jesus sagte war, mit Deinem ganzen Herzen, ganzer Seele und ganzem Denken.

Mit ganzem Herzen lieben heißt, dass da nichts anderes mehr Platz hat. Es ist eine Prioritätsfrage und muss jeden Tag aufs Neue beantwortet werden. Da der Widersacher in dieser Welt lebt und Macht hat, versucht er Dein Herz zu entzweien und Dir andere Lieben und Wertigkeiten vorzugaukeln. Dein ganzes Herz heißt in allem. Nichts darf über dieser Liebe stehen. Alles was wir tun und denken, darf in dieser Liebe stattfinden.

Mit ganzer Seele lieben bedeutet, mit all Deinen Fähigkeiten und mit Deiner ganzen Persönlichkeit. Alles, was Dich ausmacht und definiert, soll von dieser Liebe ausgehen und von sonst nichts anderem.

Mit ganzem Denken zeugt davon, für wen Du Deine vom Schöpfer gegebenen Fähigkeiten einsetzt. Da er Dich geformt und geschaffen hat, liegt es nahe, alles was Du tust und unternimmst ihm zu widmen. Das ist es, was Jesus meinte, als er sagte, was ihr in meinem Namen erbetet, werdet ihr erhalten.

Wenn Du ganz in dieser Schöpfer- / Liebesbeziehung bist, dann ist alles, was Du machst auch der Wille des Vaters. Seine Priorität steht für Dich ganz oben an. Es ist nicht umsonst, dass in Jesu Antwort Gott an erster und der Mensch an dritter

Stelle steht. Trachte zuerst nach dem, was droben ist und von dort kommt. Dass ist die richtige, ja die einzige Sichtweise, die ewiges Leben bringt und ist zugleich die Brücke in das Wesen der Dreieinigkeit. Jesu Anliegen war es nie, sich in den Vordergrund zu stellen um die Menschen zu belehren. Jesu Anliegen war es, den Menschen die Vaterliebe nahe zu bringen. Das, wovon sie im Laufe der Zeit so weit entfernt waren, der lebendigen Vaterbeziehung. Jesus lebte nur aus dieser Beziehung, nichts beanspruchte er für sich.

Von Beginn an war diese Dreieinigkeit wirksam und zeigte sich in ihm ganz persönlich. Bereits bei der Empfängnis von Maria sprach Gott, der Heilige Geist wirkte und Jesus wurde manifestiert.

Als Jesus sich taufen ließ war diese Dreieinigkeit ebenso präsent. Jesus stand bereit, der Vater sprach, *das ist mein geliebter Sohn*, und der Geist Gottes kam in Form einer Taube auf ihn. Niemals waren sie je voneinander getrennt.

Dabei war die Taube nur zum sichtbaren Zeichen des Heiligen Geistes für uns, da Jesus noch nicht verherrlicht war. Doch diese Dreieinigkeit war schon von jeher im Universum und auf der Erde wirksam.

Auch die Berufung von Abraham weist auf diese Dreieinigkeit hin. Als Abraham bei Mamres vor seiner Hütte saß, erblickte er drei Männer. Diese sprach er mit: *mein Herr*, an. Die Dreieinigkeit manifestierte sich vor Abraham als drei Personen obwohl er nur zu einer sprach. Das ist das Mysterium, um das er sich jedoch keine Gedanken machen musste. Sein Verstand nahm diese Dreieinigkeit einfach wahr. Es waren drei Männer, drei eigenständige Persönlichkeiten und doch sprachen sie in einer Person zu ihm.

Stell Dir einmal Wasser vor. Wenn Du Deine Hände langsam eintauchst, ist es weich. Es kann aber auch hart sein wenn Du bei einem Sprung von einem drei Meter Brett auf dem Bauch landest. Beide Male das gleiche Element, jedoch mit unterschiedlichen ganz realen Wahrnehmungen. Die Dreieinigkeit Gottes ist jedoch noch eindrucksvoller.

Denn das Element Wasser kannst Du in flüssiger Form, aber auch in gasförmiger oder fester Form, wenn es zu Eis gefroren ist, wahrnehmen. Es sind drei unterschiedliche Aggregatzustände und doch immer der gleiche Stoff, den wir nur unterschiedlich wahrnehmen. Zudem besitzt es in den verschiedenen Erscheinungsformen ganz andere Eigenschaften.

In flüssigem Zustand können wir es trinken und es spendet Leben. Wir können uns waschen und sogar darin baden. In gasförmigem Zustand wird es fast unsichtbar und so leicht, dass es fliegen kann. Gefroren ist das alles nicht mehr möglich und wir können, sofern wir darin eingeschlossen sind, nicht mehr leben. Was vorher Leben spendete, führt dann zum Tode.

Wir reden immer über den gleichen Stoff, über Wasser. Doch so unterschiedlich es vorkommt, so unterschiedlich sind seine Wirkungsweisen. Die Erscheinungsform und die jeweilige Eigenschaft mögen sich ändern doch es bleibt immer Wasser. Bei Gott ist das ähnlich, nur dass hier eine intensive Liebesbeziehung untereinander vorherrscht. Keine Person wird je ohne die andere tätig. Wenn Jesus sagt, wer mich sieht, sieht den Vater (Joh. 14,9) dann meint er es genauso. Es ist nichts, was je aus ihm selbst entstand. Alles was er tat, jedes Wunder und jedes Wort aus seinem Munde, kam vom Vater, manifestiert durch den Heiligen Geist. Wir können wohl drei Personen erkennen und doch ist Gott dieser Dreieiner.

Der Zugang über die Person Jesu, macht es uns nur etwas einfacher, da er als Mensch für uns realer wahrnehmbarer ist. Wir begreifen eben leichter in Bildern.“

„Kannst Du Dich an die Auferstehung des Lazarus erinnern“, fragte Thomas.

„Natürlich kann ich das. Für mich war es besonders beeindruckend, da Lazarus schon einige Tage tot war. Er roch schon, steht in meiner Bibel.“

„Stimmt“, sagte Thomas, „doch das ist nicht das Wesentliche. Was sagte denn Jesus zu Martha vor dem Grab: *Habe ich dir nicht gesagt, wenn du glaubst, werdest du die Herrlichkeit Gottes sehen?*

Jesus meinte damit nicht sich selbst, denn Martha sah ja Jesus und ging schon eine Zeit mit ihm um. Auf Jesus allein kam es dabei nicht an.

Die Herrlichkeit Gottes ist die Wirkungsweise der Dreieinigkeit. Denn Jesus blickte nach oben und sagte: *Vater, ich danke dir, dass du mich erhört hast. Doch ich weiß, dass du mich allezeit erhörst, aber um des umstehenden Volkes willen habe ich es gesagt, damit sie glauben, dass du mich gesandt hast.* Dann rief er Lazarus heraus und er war lebendig und trat aus seinem Grab.

Jesus hat hier kein Wunder getan. Durch die Auferstehung des Lazarus sollte das ungläubige Volk die Autorität der Dreieinigkeit erkennen.

Jesus bat den Vater sicher ohne das er es hätte tun müssen. Doch er unternahm niemals etwas allein. Der Heilige Geist bewirkte die Auferstehung. Das Wunder geschah, noch bevor Jesus zu sprechen begann. Die Dreieinigkeit Gottes war am Wirken.

Um dem Volk die Autorität zu zeigen, die sie in der Vergangenheit so misslich verloren und ignoriert haben. Es war eine Demonstration ihres dreieinigen Schöpfergottes, der aus etwas Totem Leben hervorbringen kann.

Tot sind wir, wenn wir diese Beziehung nicht erkennen und missachten, so wie das Volk Gottes damals. Tot sind wir, wenn wir versuchen unsere eigenen Wege, ohne den Schöpfer, zu gehen, so wie die Juden damals. Tot sind wir, wenn wir eigenen Regeln und Gesetzmäßigkeiten folgen und nicht die lebensspendende Kraft Gottes anerkennen. Tot sind wir, wenn wir uns eigene Götter und Götzen machen und dabei die Schöpfung missachten. Tot sind wir, wenn wir die Schöpfung anbeten, den Schöpfer aber außen vor lassen. Nur die Liebe des Vaters vermag aus etwas Totem etwas Lebendiges zu schaffen. So wie bei Lazarus. Um diese Tragweite zu erkennen müssen wir von unserer Ichzentriertheit weg. Das Ich ist der Ausgangspunkt unseres Denkens. Dieses Denkvermögen ist, je nach Herkunft, Bildung und Informationen die wir konsumieren geprägt. Eine um uns zentrierte Denk- und Lebensweise macht uns zum Subjekt, Gott jedoch zum Objekt.

Das ist eine fatale Verdrehung der Tatsachen, die uns ein Erkennen der wahren Liebe des Vaters unmöglich macht. Denn Objekte können nicht lieben. Somit sind wir gewillt zu glauben, dass nur wir, als uns wohlgesinnte Subjekte untereinander, lieben können. Gottes Liebe, welche die *Erste Liebe* ist, wird dabei ausgehebelt.

Das ist die Falle des Feindes, der gegen diese Liebe alles aufwendet was er nur kann. Somit ist er bestrebt, uns in unserer kritischen Haltung zu stärken und lässt uns glauben, dass nur wir es sind, die am besten wissen, was für uns gut und richtig ist.

Doch wie sagte Jesus vor dem Grab des Lazarus, *er blickte zum Vater auf und dankte*, das war seine Grundhaltung und ist zugleich die Grundhaltung innerhalb dieser Trinität. Menschen drehen sich um sich. Die Dreieinigkeit sucht des nächsten Recht und vollbringt nichts aus sich selbst.

So kommt der Glaube an Gott nicht von uns, sondern vom Vater. Wir können nichts tun, erkennen oder erlernen, was uns diese Liebe nahe bringt. Diese Erste Liebe kommt, genau wie die Auferstehung des Lazarus durch den Heiligen Geist in uns direkt vom Vater in unser Herz.

Das ist das Geheimnis des Glaubens. Indem wir unseren Blick auf Jesus richten, erkennen wir den Geist Gottes, gleichwie den Vater in ihm. Die höchste Form der Liebe zueinander bewies Jesus, als er im Garten Gethsemane betete. Es war wohl das größte Ringen von Jesus überhaupt. Er wusste was vor ihm lag. Er kannte die bösartigen Gemeinheiten, welche die Menschen gegen ihn schleudern würden und er wusste, dass er alles spüren und ertragen musste.

Denn er war ganz Mensch, mit all unseren Empfindungen. Er würde den Schmerz voll wahrnehmen. Nicht nur den leiblichen, geschlagen, durchbohrt und genagelt zu werden. Vielmehr den geistigen, die Ablehnung seines Volkes, das er so viel mehr liebte als sie spüren konnten. Er würde ihren ganzen Hass erleben, dabei war er gekommen, ihnen das ewige Leben zu schenken. Dieser Schmerz würde den körperlichen noch weit übersteigen.

Ignoranz und Ablehnung kommt auch heute noch einem geistigen Missbrauch gleich. Doch Jesus ging nicht nur ans Kreuz weil er für eine Sache einstand, welche die Menschen jedoch ablehnten. Er war nicht bloß ein Mann, der eine neue Religion verkündete und dafür bezahlen musste. Seine Aufgabe war viel größer, denn er wollte den Tot überwinden.

Der Tod, welcher als letzte Bastion des Bösen über die Menschen herrschte. Das war der eigentliche Grund, ans Kreuz zu gehen. Um dem Tod einen endgültigen Schlusspunkt zu setzen. Der Böse dachte, dass mit der Kreuzigung von Jesus Gott sterben würde. Er kannte die Dreieinigkeit schon längst. Somit waren die Angriffe auf Jesus direkte Angriffe auf den Schöpfer Gott und den Heiligen Geist gleichermaßen.

Er dachte allerdings, mit dem Tod von Jesus gesiegt zu haben, da er die Menschen in der Hand hatte und sie wie in einem wilden Wahn, den König zu töten, alles daran setzten ihm Schmerzen und Leid zuzufügen.

Doch der Teufel hatte die Tragweite dieser hingebungsvollen Tat unterschätzt, indem er dachte, dass Jesus, wie alle Menschen auch, als Mensch verweslich sterben würde. Es passierte dabei viel mehr. Jesus wusste davon, sterben zu müssen, doch er wusste auch darüber, nach drei Tagen wieder aufzustehen und damit den Tod und die Macht des Teufels zu überwinden und für ewig zu brechen.

Als eine Dreieinigkeit ging Gott selbst in der Gestalt von Jesus für uns in den Tod und besiegte damit das Böse. Wie konnten sie auch jemals getrennt voneinander sein. Es gibt in der Tat nichts, was dies zulassen würde, nicht einmal die Sünde. Das ist auch der größte Denkfehler der Menschen, der durch eine Personifizierung dieser Dreien entsteht.

Stell Dir doch einmal vor, was wäre wenn nicht Jesus, sondern Gott selbst sich am Kreuz für uns hingegeben hätte? Wenn sich Gott mit sich selbst durch Jesus versöhnt hätte? Würde nicht eine Mutter für ihr Kind in einer extremen Notsituation das gleiche machen? Wenn dem so wäre, dann bekäme die Kreuzigung einen ganz anderen Stellenwert aber auch eine überdimensionale Tragweite!

Sicher fragte sich der Mensch Jesus, ob es nicht auch eine andere Möglichkeit gäbe, diesen Bruch des Teufels und die Sühne für die Menschen zu erlangen. Gerade bei Gott, dem alles möglich ist, suchte er möglicherweise nach einer alternativen Lösung um das bevorstehende zu umgehen. Das drückt seine Bitte, den Kelch doch vorüber gehen zu lassen, klar aus.

Doch in all dieser Anfechtung kurz vor seinem Martyrium, machte der Mensch Jesus das Einzige was seine Liebe zuließ. Er ließ los und stand über seiner Angst und der Frage warum, indem er dem Vater versicherte, nicht mein sondern dein Wille geschehe. Indem er ohnmächtig wurde, besiegte er schlussendlich die Macht. Denn die Macht hat nicht die Macht die Macht zu besiegen, nur die Ohnmacht besiegt die Macht.

Damit übergab er seine ganze Angst wie die Entscheidung dessen, was und wie es passieren würde, der Dreieinigkeit und wurde sodann vom Geist Gottes für seine kommende Aufgabe gestärkt. Das ist die tiefe und kräftige Wirkungsweise, die Gott mit jedem Menschen leben möchte. Nicht mein sondern dein Wille geschehe, zeigt uns die Wertigkeit innerhalb der Dreieinigkeit.

Sie sucht des anderen Recht und nicht des eigenen.

Der Teufel hatte auf dem Kreuzweg nur darauf gewartet, dass Jesus sich selbst von seinem Leiden befreit. Er wusste um dessen Macht und Möglichkeiten. Alles war ihm gegeben doch er nutzte es nicht. Sondern erduldete es stillschweigend. Jeder Schlag, jeder Tritt sollte ihn in Versuchung bringen, selbst Hand an zu legen. Doch das tat Jesus nicht. Wie leicht hätte er die Situation verändern können. Zuvor hatte er doch auch so viele Wunder und Heilungen geschaffen, hatte sogar Tote auferweckt und hier, sowohl beim Prozess als auch bei der Prozession, machte er gar nichts und erduldete nur. Verteidigte sich nicht. Floh nicht. Kämpfte nicht.

Er begegnete der Macht mit Ohnmacht.

Aber wie konnte Jesus dieser bösen Macht begegnen, wie sie ein für alle Mal brechen?

Es ging schon immer um das Martyrium der Menschen, getrennt von Gott zu sein. Das war es, was der Teufel Eva einredete. Wie sagte er noch: *sollte denn Gott gesagt haben…* Der Widersacher brachte mit solch einer profanen Lüge einen Keil in diese perfekte Liebesbeziehung in dem er Zweifel säte.

Der Mensch versucht auch jetzt noch, sich selbst zu definieren und er wird mit der gleichen Lüge, wie damals Adam und Eva, von Gott getrennt. „Hilf dir selbst sonst hilft dir niemand“, „suche dein Seelenheil und finde deinen Weg“, „das gönn ich mir denn es steht mir zu“, lauter solche Sprüche auf denen eine ganze Industrie ihren Umsatz setzt. Alternative Methoden für privates Glück. Überall finden wir das. Denn die Sehnsucht ist so groß. Doch das alles bringt uns nicht wirklich näher zu Gott, sondern entfernt uns von ihm.

Dabei hat Gott selbst für jeden Menschen ein Übermaß an Definition vorgesehen, das der Böse jedoch mit allen Mitteln verhindern möchte. Er will uns einreden, selbst stark zu sein, zu widerstehen, zu kämpfen und unser Leben in die Hand nehmen zu können, was ja auch durchaus möglich ist. Höher, weiter, schneller und das aus eigener Kraft, ist der Tenor des Widersachers, der uns einreden möchte, Gott nicht zu brauchen.

Jesus wusste um diese Lüge und darum, dass nur die Ohnmacht die Macht hat, die Macht zu besiegen. Druck erzeugt Gegendruck und Kampf wird durch Krieg erwidert.“

„Das ist in Eurem Leben doch immer so oder nicht Martin?“, fragte Thomas und war sichtlich erregt.

„Jesus hat uns gezeigt, wie wir mit Druck und Anfechtung umgehen und dem begegnen können. Nicht indem wir mit noch mehr Anstrengung versuchen zu widerstehen, sondern indem wir mehr Liebe des Vaters in uns zulassen. Das nimmt der Versuchung, der Sünde schlechthin, den Nährboden und sie wird erliegen. Damit hat Jesus uns gezeigt, wie wir das Böse überwinden können.“

Thomas war so in Fahrt, dass er überhaupt keine Pause machen konnte und fragte: „Martin, wessen Recht suchst Du in der Welt und verstehst Du überhaupt die Tragweite der Tat von Jesus?“

Ich hatte in der Tat Mühe seinen Ausführungen zu folgen, doch spürte ich, dass nun der Punkt des Erkennens nicht mehr fern zu sein schien. Manchmal hatte ich mich schon gefragt wofür ich das alles auf mich nahm. Den ganzen Stress, die oftmals fragwürdigen Entscheidungen, die Entfernung von Anne und meine Zweifel an der Sinnhaftigkeit Gottes.

In Anbetracht dieser Tatsache, dass jemand für mich und mein Fehl eintrat, ohne dass ich ihm den gebührenden Respekt oder auch den Glauben entgegen brachte, machte mich betroffen. Wie sehr musste Gott mich lieb haben, solches für mich zu tun und wie gering waren meine weltlichen Belange in Anbetracht dieser Liebe. Und dann kam noch eine Frage auf. Wenn ich eine solch tiefe Liebe empfangen könnte, was könnte dann aus mir hervorkommen. Mir war das seither nicht so bewusst gewesen, dass Gott nicht nur für mich etwas tat, sondern mir auch noch einen Weg zu ihm ebnete, den ich gehen konnte.

„Dabei ist es nicht nur ein Weg zu Gott“, sagte Thomas und unterbrach meine Gedanken, die sich wieder um mich fokusierten.

„Die Menschen sind ja so sehr darauf bedacht, nur nicht zu viel zu geben, nicht zu wenig zu bekommen, oder nicht benachteiligt zu werden. Aus dieser Angst heraus, Mangel zu haben und nicht genügend wahr genommen zu werden, werden Entscheidungen getroffen, die schlussendlich alle Ichbezogen sind. Das ist Grundlage des überaus verbreiteten Egoismus der Welt, die sich rasch bis zum Narzissmus ausweitet und damit die Liebe wie auch die Nächstenliebe zu Nichte macht. Gott möchte nicht nur bestimmte Menschen retten, denn er schuf alle und möchte auch alle Menschen bei sich wissen.

Wenn wir mehr von Jesus Wesen und der Beziehung dieser Dreieinigkeit erfahren wollen, dann finden wir eine weitreichende Erklärung in der Geschichte, als Jesus in der Wüste versucht wurde. Du kennst die Geschichte, oder?“, fragte Thomas.

Natürlich kannte ich sie, Jesus widerstand nach vierzig Tagen den Anfechtungen des Teufels und erwies sich somit als stärker als er. Wie oft habe ich mir das zum Vorbild genommen ohne wirklich zu bestehen. Vierzig Tage ohne essen. Wenn ich einmal eine Woche aushielt, fühlte ich mich schon stark. Aber ich wusste auch davon, dass damals in der Wüste viel mehr passierte.

„Weißt Du auch, dass diese Anfechtungen genau die gleichen sind, die dem Menschen heute noch begegnen?“, fragte er mich.

„Der Weg des Bösen lässt sich genau darin erkennen. Jesus wurde in diesen Anfechtungen zum Überwinder des Bösen und zeigte ihm und uns, wie seine Beziehung und Wertigkeit gelagert war. Obwohl der Teufel alles aufbot, was er zu bieten hatte, widerstand Jesus und verwies ihn in seine Schranken.

Die erste Versuchung war es, aus Steinen Brot zu machen, doch was sagte Jesus: *der Mensch lebt nicht vom Brot allein, sondern von einem jeden Wort, das durch den Mund Gottes ausgeht.* Jesus verwies direkt auf die Intension seines Vaters und darauf, dass sein Wille über dem Verlangen der Selbsterhaltung steht.

Ist das bei Dir auch so Martin? Steht der Wunsch, zu tun was Gottes ist, über Deinen Wünschen und Zielen?

Die zweite Versuchung war es, sich von der Zinne des Tempels zu stürzen, um von den Engeln aufgefangen zu werden. Jesus konnte darauf nur antworten: *du sollst den Herrn, deinen Gott nicht versuchen.* Wie oft suchst Du Dich zu beweisen oder erbittest von Gott ein Wunder in Heilungsgebeten? Jesus hatte die Potenz und die Kraft, alle Heerscharen von Engeln zu befehligen, stellte dies aber hinter den Willen des Vaters.

Die dritte Versuchung war es, alle Reiche der Welt vom Bösen zu erhalten, wenn er den Teufel nur anbeten würde. Doch Jesus sagte: *du sollst den Herrn, deinen Gott, anbeten und ihm allein dienen.* Er widerstand somit der Macht und beanspruchte sie nicht für sich."

Wie verlockend ist es doch, Macht über andere zu haben, in der Firma, der Partnerschaft oder sonst wo dachte ich.

„Martin, Jesus wandte keine große Anstrengung auf, dem Teufel zu widerstehen, sondern hielt ihm einfach seine Liebe zum dreieinigen Vater hin. Dann passierte etwas einmaliges, denn es steht geschrieben, dass der Teufel ihn verließ und Engel zu ihm traten und ihm dienten. Das passiert, wenn wir die Prioritäten in unserem Leben richtig ordnen. Der Böse und alle Versuchungen müssen weichen und sogar Engel werden dienen. Auch am Kreuz suchte die Person Jesus niemals ihr eigenes Recht oder Vorteil. Das Gebet im Garten Gethsemane zeigt es. Wie leicht wäre es denn gewesen, für den, der die Erde erschaffen hatte, eine andere Lösung zu finden, als gekreuzigt zu werden.

Doch Jesus kam nicht wegen seines Rechtes oder um bedient zu werden, sondern um zu dienen. Er kam, um die Menschen endgültig vom Bösen weg zu bringen, in dem er selbst für sie in den Tod ging und damit nicht nur den Teufel und die Folgen des Todes überwand, sondern auch um uns mit sich selbst zu versöhnen. Da das für den Menschen unmöglich war und ist, musste dies innerhalb dieser Dreieinigkeit erfolgen.

Diese, für den Teufel und den Menschen, unvorstellbare Tat, der Überwindung des Bösen und des Todes, sowie die Versöhnung der Dreieinigkeit, mit dem Menschen, lässt nur einen Schluss zu:

Für Gott steht der Mensch im Mittelpunkt
der Dreieinigkeit.

Aus diesem Grund kam er auf die Erde, um dem Menschen, welcher es aufgrund seiner sündigen Natur nicht allein schaffte selig zu werden, einen Weg zu ebnen. Der Weg aus der Sünde, ist der Weg aus der Trennung von Gott. Nur innerhalb dieser Dreieinigkeit überwindet der Mensch den Tod. Dabei sprechen wir nicht vom leiblichen Tod. Denn der kommt gewiss bei jedem. Es ist der geistige Tod, den Menschen bereits zu Lebzeiten erleben und dabei versuchen, sich durch weltliche Dinge zu rechtfertigen.

In dieser Trennung von der Liebesbeziehung zu Gott, dem eigentlichen Sinn zwischen Schöpfer und Geschöpf, findet der Mensch eine Vielzahl an Ersatzbefriedigungen, die seine Seele jedoch niemals wirklich zufrieden stellen. Nur inmitten der Liebe Gottes, Jesus und des Heiligen Geistes, kann er wirklichen Frieden finden.

Dieser Weg heißt Jesus Christus und deswegen konnte er auch in Johannes 11,25 sagen: *Ich bin Auferstehung und das Leben. Wer an mich glaubt, der wird leben, auch wenn er stirbt, und jeder der da glaubt, wird in Ewigkeit nicht sterben.*

Paulus schrieb an die Korinther (1.Kor.15, 55): *Der Tod ist verschlungen in den Sieg! Tod wo ist dein Stachel? Totenreich, wo ist dein Sieg?*

Was im Prinzip die gleiche Bedeutung hat. Jesus ist das Mittel dafür, dass wir so wie er, selbst zum Überwinder des Bösen zu werden. Er machte es uns vor, indem er sich ganz auf den Vater und den Heiligen Geist verließ. Der Weg in die Mitte dieser Dreieinigkeit wurde uns durch den Kreuzestod und der Überwindung des Todes und damit des Bösen samt aller Sünden dieser Welt von Jesus Christus gegeben.

Durch ihn haben wir auch seine Kraft und können selbst zu Überwindern werden. Nicht durch eigene Anstrengung, sondern durch Hingabe. Jesus ist der Weg und die Wahrheit und in der Tat auch das Leben. Nun ist es an uns, dies anzunehmen und unseren Mitmenschen davon zu berichten, um sie ebenso in diese Dreieinigkeit zu führen.

Das ist die Aufgabe nach der rettenden Erkenntnis, Martin. Das ist Deine neue Aufgabe, nicht nur zu wissen, dass es irgendwo einen Gott gibt, der für Deine Sünden eine Vergebung hat und Dich somit als den seinen annimmt, sondern diese frohe Botschaft der ewigen Agape Liebe innerhalb der Dreieinigkeit, weiter zu geben.

Alles, was Du tust und anstrengst, alles was Du bist und alles was durch Dich bewirkt wird, sollte zum Lobpreis Deines Schöpfers werden. Egal, ob es die Arbeit, Gespräche, Deine Familie oder Gedanken sind, alles ist für den Herrn! Das wird Dich neu definieren und Deinem Leben einen wahren Sinn und Richtung geben. Wasser, das nie mehr Durst hinterlässt. Jesus ist der Weg in diese Dreieinigkeit, die Du bereits hier im Leben, praktisch erfahren und getrost weitergeben kannst."

Der Vortrag von Thomas endete und ich war überwältigt von einer zuvor unbekannten Liebe für alle Menschen dieser Erde. Wie einfältig ich die Dinge seither doch gesehen habe, Ichzentriert, nannte Thomas dies und das war das richtige Wort.

Egal, ob in der Gemeinde oder bei anderen Gelegenheiten, ich musste stets vergleichen und abwägen. Vielleicht aus einer tief in mir liegenden Furcht davor, was andere über mich denken. Dabei war das überhaupt nicht wichtig, wichtig war nur, was mein Vater über mich dachte und das wusste ich nun.

Für ihn war ich das wunderbarste und schönste und beste was es gab. All meine Macken und Kanten lagen in seiner tiefen Liebe zu mir geborgen. Er würde alles für mich machen.

Abschied

Nachdenklich gingen wir Seite an Seite weiter den Weg entlang. Mein Kopf schien durch all die Informationen übervoll und doch verspürte ich eine angenehme Ruhe und einen Frieden wie selten zuvor.

Unglaublich, wir sprachen über so vieles, was ich hinter dem bislang banalen Glauben an Gott überhaupt nicht vermutete. Gottes Liebe zur Schöpfung, die er uns in Verantwortung übergab. Seine Liebe zu uns Menschen, obwohl wir die nicht erwidern, über unsere, nein über meine Stellung vor Gott und der lebendigen Dreieinigkeit.

Alles so essenzielle Themen, die in der Hektik des Alltags und der allgemeinen Selbsterhaltung untergehen. In meiner Welt waren seither ganz andere Dinge wichtig. Dabei stellte das doch die Lebensgrundlage eines jeden Individuums dar. Wie borniert war ich doch gewesen!

Mir fielen immer mehr schräge und sich um mich drehende Entscheidungen ein. Es war mein Leben, so dachte ich immer und ich war mein Steuermann, dazu verdammt, das Beste daraus zu machen. Was für ein Irrglaube. Ich wusste nicht recht, ob ich über diese Erkenntnis lachen oder weinen sollte.

Erneut unterbrach Thomas meine Gedanken und fragte: „Martin, was war in Deinem bisherigen Leben das Wichtigste? Oder anders gefragt, was denkst Du ist für einen jungen Menschen das Wichtigste?"

Spontan sagte ich, „etwas aus sich zu machen und etwas werden im Leben."

„Genau so ist es", sagte er „und wie misst man das am leichtesten?" Ohne zu zögern antwortete ich, „mit dem was man verdient."

„Richtig Martin, die Menschen messen sich an dem, was sie verdienen, was sie haben und sich leisten können oder haben obwohl sie es sich nicht leisten können. Hauptsache sie haben etwas zum zeigen, das ihr Ego stärkt.

Marken werden damit höher als Werte und Geld zum Mammon der Menschheit, durch den sie sich versklaven lässt. Geld wird zum zentralen Mittelpunkt menschlicher Bemühungen. Sicher geht es nicht ohne, denn wir leben ja nicht mehr in einer Tauschgesellschaft, was auch gut so ist. Doch Geld und damit verbunden die Dinge, die man sich kaufen kann, streichelt unser Ich und macht uns vor, je mehr man davon hat, desto zufriedener und erfolgreicher würde man sein.

Genährt von allgemeiner Unzufriedenheit, gepaart mit Sorge über die eigene Existenz, sowie der Angst nicht genug gelebt zu haben, wird Geld zum Maßstab der Anerkennung die wir anderen Menschen und auch uns selbst gegenüber bringen.

Geld und die damit verbundene Kaufkraft ist genau das Gegenteil vom Wasser des Lebens, von dem Jesus am Brunnen sprach. Denn Geld hat eine fatale Eigenschaft, es ist niemals genug. Man will immer mehr und beneidet die, welche mehr haben. Beneidet ihre Fähigkeit, Geschäfte und somit noch mehr Geld zu machen. Wir glauben, mit den Dingen die sie sich leisten können werden sie glücklich.

Je mehr man sich anschaffen und kaufen kann, desto zufriedener soll man sein. Das ist die Botschaft der Marktwirtschaft. Es ist dabei niemals genug, was eine latente und stete innere Unzufriedenheit mit sich bringt. Der Mensch wird zum Jäger nach Schätzen der Welt, um sich selbst eine Zufriedenheit vor zu gaukeln, die gar keine ist.

Diese Jagd führt zur permanenten Ablenkung vom Wesentlichen und wird dabei zum größten Feind des Menschen in der Beziehung zu seinem Schöpfer.

Wenn Geld zum Gott wird, siegt der Widersacher, denn es macht den Menschen süchtig. Dabei kommt es noch dazu, dass man nicht nur andere beneidet, sondern man verachtet die weniger begabten. Der Mensch bemisst nur noch an Leistung, was Gott völlig fremd ist. Gott sieht uns mit den Augen eines liebenden Vaters.

Wie war es bei Dir Martin, als Du mit deinem Sohn zum ersten Mal Fußball spieltest? Warst Du da nicht schon stolz als er nur den Ball traf? War es wirklich so wichtig, wie viele Tore er schoss oder kam es nur darauf an, überhaupt den Ball zu treffen? Er schoss kein Tor und doch hattest Du ihn über alles lieb und warst sogar stolz, oder nicht?

Der Ausspruch in Matt. 7,15, wo es heißt: *an ihren Früchten werdet ihr sie erkennen*, stimmt schon, hat aber nicht die Bedeutung der Wertigkeit für Gott.

Die Früchte der Werke dienen zur Erkenntnis des Ursprungs im Herzen. Aus einem guten Herzen kommt Gutes und aus einem Schlechten kommt Schlechtes hervor. Daran können wir die Intension deuten und haben damit Schutz vor falschen Propheten.

Wenn uns Menschen vormachen, dass Geld der Maßstab aller Dinge ist, sollten wir darin das Unverständnis einer intakten Gottesbeziehung sehen und uns von solchen Propheten fern halten.

Gott bemisst nicht nach Leistung der Früchte, wer hat die schönsten und größten, sondern nach eben dieser Herzensgrundlage. Dem Ursprung überhaupt. Gott ist nicht leistungs- sondern ursprungsbezogen. Eine kleine aber aus ehrlichem Herzen entstandene Frucht ist ihm lieber als eine wunderschöne aus einem verstockten Herzen.“

„Martin“, sagte er nun eindringlicher, „Ablenkung oder die Suche nach Bestätigung und Anerkennung im Leben ist der größte Feind Deiner Beziehung zu Gott. Erst wenn Du das verstanden hast, erfährst Du eine völlig neue Freiheit im Leben.

Hast Du Dir einmal überlegt, wie viele Dinge Du hast?“

„Wie bitte“, fragte ich zurück.

„Denk doch einmal darüber nach, was Du Dir in den letzten zwölf Monaten so alles angeschafft hast. Wir sind bald wieder bei Dir Zuhause. Wenn wir auf alle Dinge einen gelben Punkt kleben würden, den Du beim nächsten Gebrauch entfernst, wie viele gelbe Punkte wären dann nach, sagen wir mal, sechs Monaten immer noch da?“

Seltsame Vorstellung, dachte ich, doch ich spielte es in Gedanken durch. Auf all meine Sachen einen gelben Punkt kleben. Auf all die Bilder, auch die im Keller, die Schuhe, auch die in den unzähligen Kartons in der Garage, auf alle Werkzeuge und Bücher, die ich schon lange nicht mehr angefasst, geschweige denn darin gelesen oder etwas nachgeschlagen hatte. Dabei war ich immer so stolz auf meine kleine Büchersammlung. Meine Bibliothek machte doch einen so belesenen Eindruck auf andere.

Einen gelben Punkt auf alle Dinge, all die Töpfe und Dosen und Behälter meiner Frau, ich musste schmunzeln. Da wären sicher nach einem Jahr auch noch einige Punkte übrig. Auf all die Kleidungsstücke und ja genau, auf all die Spielsachen, welche die Kinder hatten und mich jedes Mal aufregten, wenn ich sie achtlos in der Ecke liegen sah, obwohl ich ihnen damit einmal eine Freude bereiten wollte.

Oh Mann, wir hatten in der Tat einige Dinge. Wie sagte Thomas, so viel Zeugs das der Mensch um sich herum ansammelt um eine Art von Zufriedenheit zu erzeugen. Wenn dabei eine Abhängigkeit die Folge ist, mehr Zeugs haben zu wollen bedeutet mehr jagen zu müssen, dann war ich schon sehr abhängig von weltlichen Dingen.

Ich konnte mir nur sehr schwer vorstellen, mit wie wenig man zufrieden sein konnte. So ein Mönchsleben war immer mein Abschreckungsbeispiel. Mit wie wenig konnte er glücklich sein. War ich denn tatsächlich glücklich mit oder durch so viel Zeugs um mich herum?

Ich erkannte, wie sehr mich die falsche Anerkennung, die ich mir zulegte, jetzt anwiderte. Ich jagte einem Phantom nach, das in der Tat nicht glücklich machen konnte. Allenfalls eine kurzfristige Ersatzbefriedigung, nein nicht mal das. Denn je mehr ich hatte, desto mehr wollte ich noch haben. Ein Urlaub war nicht genug, es musste immer ein noch schönerer und noch größerer sein. Ähnlich war das mit dem Auto, das nächste konnte nicht kleiner sein. Was würden die Menschen um mich herum auch denken…

Ja, ich war abhängig und musste mir eingestehen, falschen Werten nachgejagt und meine Gottesbeziehung dabei außer Acht gelassen zu haben. Was für eine Erkenntnis. Ich nahm mir vor, nach unserer Rückkehr eine Menge gelbe Punkte zu kaufen.

Der Weg schien nun zurück zum Anfang zu führen. Wir gingen über eine leichte Anhöhe, von der ich in der Ferne unsere Wohnsiedlung erkennen konnte. In Anbetracht der Tatsache, dass unser Spaziergang dem Ende zu ging, ließ ich nochmals alle Dinge Revue passieren und wollte versuchen, so viel wie möglich davon zu behalten.

Seltsam, dass ausgerechnet heute dieser alte Freund auftauchen musste. Es war ein ganz besonderer Tag, mit einem ganz besonderen Inhalt, der mein Leben verändern würde, ja bereits verändert hatte.

Es gibt im Leben manche solcher Tage, die ganz besonderen Einfluss haben. Als ich meinen Führerschein bekam, als ich das erste Geld verdiente, als ich Anne kennenlernte, als meine Söhne geboren wurden, als ich Gott kennen lernte. Der heutige Tag würde unweigerlich ebenso zu diesen besonderen Tagen zählen.

Ich hatte mit Thomas eine ganz neue Sicht auf die Schöpfung und den Schöpfer selbst bekommen, durfte mich reingewaschen inmitten dieser Dreieinigkeit wiederfinden und empfand eine Art Klärung in meinem Kopf.

Gott liebt mich und zwar so sehr, dass er all das um mich herum geschaffen und mir gegeben hat. Die Welt in der ich leben durfte, wie auch meine Familie, die mir anvertraut wurde, aber auch seine Agape Liebe, die ich seither nicht sehen wollte. Durch diese Erkenntnis war plötzlich keine Trennung mehr zwischen ihm und mir vorhanden. Es gab irgendwie nicht Gott und seine Dinge, sowie mich und meine Dinge. Gott war nicht mehr nur der Gott im Himmel, der seine eigenen Maßstäbe hatte, sondern ganz praktisch mit mir und meinem Leben verwoben.

Mein größter Fehler war es, und das wurde mir nun klar, mich getrennt von ihm zu sehen. Wer immer da war, war Gott und seine Liebe! Es drängte mich, all diese neuen Erkenntnisse mit Anne zu teilen. Zudem wollte ich ihr Thomas vorstellen, er würde sie sicher ebenso begeistern wie mich.

Als wir den Häusern näher kamen, sagte Thomas zu mir: „Martin, es war mir ein wahres Vergnügen, Dich zu treffen und mit Dir diesen Weg zu gehen. Als ich heute Morgen aufwachte, wusste ich noch nicht, was mir Gott bereit hielt, doch es war wie immer das Richtige. Seit meiner Wanderung aus dem Iran konnte ich mich täglich auf die Führung von Oben verlassen. Dich zu treffen und mit Dir über unseren Vater zu sprechen, war ebenso von Gott geführt wie alles andere in meinem und nun auch in Deinem Leben.

Das ist die einzige Konstante, auf die Du Dich verlassen kannst“, sagte er, „die uneingeschränkte Liebe unseres Vaters und die Tatsache, dass er am besten weiß, was für Dich und auch Deine Familie, das Richtige ist. Suche Jesus und sein Licht, alles andere hilft Dir nicht.“

Wir standen vor unserem Haus. Der Tag neigte sich langsam und zeigte sich von einer warmen wohligen Seite. Es war viel mehr Zeit vergangen als ich dachte.

Dabei wollten wir doch nur einen Spaziergang machen. Ich traf noch nie einen Menschen, der so frei und nah von der Liebe Gottes zu sprechen vermag. Alles was Thomas mir auf diesem Weg zeigte, ließ mich die Liebe Gottes erkennen und spüren. Das war wahre Wertigkeit. Eine Wertigkeit, wie ich sie noch bei keinem Menschen fand. Es war so, als lebe Gott tatsächlich in ihm und durch ihn.

Ganz ungeniert nahm Thomas meine Hände und begann direkt vor unserem Haus zu beten und sagte:

„Vater, wir stehen nun vor dir und bringen alles was uns bewegt vor dich hin. Du allein siehst in unser Leben, wo es herkommt, wie wir geprägt wurden und sind, aber vor allem wohin es führen wird. Diese Führung wollen wir dir übergeben. Martin steht hier und seine Seele schreit nach dir mein Vater. Alles was ihn bislang ausmachte und prägte ist Vergangenheit und soll keine Macht mehr über ihn haben.

Du allein gibst wahre Freiheit und das Wasser des Lebens, das niemals mehr durstig macht. Vater bitte zeige ihm auf seinem Weg, mit Anne, Marc und Robin, deine Liebe und Führung, so wie du sie mir immer wieder neu schenkst.

Martin, so befehle ich dich und deine Familie in die Hände unseres Vaters und darf dich segnen, mit der Dreieinigkeit des Vaters, des Sohnes und des Heiligen Geistes. Alles was du in Zukunft beschreitest, soll von dieser Trinität geführt und geleitet werden.

Er allein wird deine Seele heilen und dir Frieden schenken. Freue dich auf diesen gemeinsamen Weg mit ihm und sei versichert, niemals mehr allein zu sein. Der Schöpfer selbst hat in deinem Herzen Wohnung genommen und wird dich von nun an nicht nur begleiten, sondern führen."

Dann öffnete er die Augen und drückte mich fest und lange an seine schmale Brust. Dabei spürte ich eine tiefe Liebe und herzliche Wärme zu mir übergehen, die mich innerlich aufzurichten schien. Wir lächelten uns an und ich erkannte, dass wir Brüder waren. Im Geist verbundene Brüder, die schon immer den gleichen Vater hatten.

Nach einer herzlichen Verabschiedung zog er seine Sachen an, setzte sich aufs Motorrad und fuhr davon. Ich ging langsam ins Haus und schaute mich um. Dabei bemerkte ich erstmals, wie viele Dinge wir tatsächlich hatten. Im Laufe der Zeit sammelte sich so einiges an.

Ich setzte mich wieder an das gleiche Fenster wie heute Morgen und blickte nach draußen. Obwohl wir den ganzen Tag nichts gegessen hatten, verspürte ich immer noch keinen Hunger – im Gegenteil. Es war körperlich alles in Ordnung, es entstand jedoch ein Hunger in meinem Kopf. Eine Sehnsucht nach Klärung und Veränderung bemächtigte sich meiner. All die Dinge, die ich hatte, das ganze

Zeugs, waren irgendwie sinnbildlich für die falschen Denkweisen über das Leben. Meine Vorstellungen von richtig und falsch, von erfolgreich und versagen, von gut und schlecht, wurden durch die Welt geprägt, waren kurzlebig und hatten keinerlei Liebe in sich. Ich wollte das nicht mehr.

Jetzt, nachdem ich an diesem Tag so vieles erlebt hatte, war ich zu einer Veränderung bereit. Dort im Wald auf der Lichtung, als ich nicht nur mein bisheriges sondern auch mein zukünftiges Leben vor mir sah, wurde es mir bewusst. Es dreht sich nicht um das was die Menschen oder eine Gesellschaft uns vormacht. Es dreht sich allein um die Liebesbeziehung zwischen Schöpfer und dem Geschöpf.

Der Beziehung meines himmlischen Vaters, Gott und mir selbst. Nur wenn ich tatsächlich in dieser Beziehung stehe, sie anerkenne und verinnerliche, wenn sie mich definiert und ich aktiv mit ihr lebe, werde ich wahren Frieden und auch meine eigentliche Aufgabe, ja sogar meine Bestimmung im Leben finden.

Thomas öffnete mir die Augen. Jahrelang nicht mehr gesehen, einfach aus den Augen verloren, kam er vermutlich genau im richtigen Moment. Es war einer dieser Tage, die für das weitere Leben entscheidend waren. Davon gibt es so mache. Der erste Schultag, der erste Arbeitstag, das erste Mal allein Auto fahren, der erste Kuss oder das erste bewusste Gebet.

Wochenlang schon steuerte ich genau darauf zu. In einer sich leicht abwärtsbewegenden Emotionsspirale, befand ich mich nun an diesem Punkt, der in der Tat mein Leben verändern sollte.

Zuhause

Thomas war weg, und ich stand wieder am Fenster, allein mit meinen Gedanken aber einem Hunger, nein einer Sehnsucht nach genau dieser Vaterliebe von der er erzählte. Das kurze Abschiedsgebet von Thomas klang mir noch in den Ohren und ich überlegte, wie ich diese Sehnsucht stillen konnte.

Was macht denn ein echtes Christenleben aus?, fragte ich mich und *wie sollte sich dadurch mein Leben verändern oder gar Probleme gelöst werden*?

Frömmelndes Getue war mir schon früher suspekt und ich wurde eher zu einem Verweigerer dieser Frömmigkeit, als zu einem Nachahmer. *Weichgespülte Christen*, war mein heimliches Urteil darüber. Und doch brannte die Frage in mir, was ein wahres Christenleben ausmacht und worin der Unterschied zwischen Gutmenschen mit einer sozialen Ader und wahren Christen sein mag.

Was sagte Thomas über die 80/20 Regel noch?

Wie viel war ich tatsächlich bereit zu geben und ihm zuzuschreiben, war nun meine drängendste Frage. Nicht welche Dinge ich von nun an anders machen sollte. Dreimal am Tag Bibel lesen oder wie auch immer die stille Zeit vor Gott herum zu bringen, oder zweimal in der Woche in die Gemeinde gehen. Das alles waren nicht die Punkte über die Thomas sprach. Er sprach auch nicht davon, möglichst erwählt und heilig vor anderen zu wirken, und sich damit abzugrenzen oder gar über sie zu erheben.

Die Frage war nicht was, sondern wie und wie viel?

Ich erkannte immer deutlicher, dass ich in der Tat stets die letzten 20 Prozent für mich zurück behielt. Quasi mein Eigenanteil, mein Können und Vollbringen, meine Wünsche sowie der letzte Rest an Selbstbestimmung, den wollte ich nicht aus den Händen geben.

Wenn das mein wunder Punkt war, wie sollte ich diesen dann verändern? Lag es denn tatsächlich in meiner Macht? Konnte ich einfach sagen: „von nun an läuft alles anders?“

Genau das war der Punkt. Wenn ich diesen Entschluss treffen sollte, dann würde ich auch bestimmen was dann anders laufen soll. Mir wurde bewusst, dass ich in der gleichen Spirale war, in der ich schon früher steckte.

Die Führung einem anderen zu überlassen heißt nicht, zu bestimmen wie er wirken soll, sondern ihn zu fragen was nun ansteht und wie er es haben möchte.

Für mich war es schon immer toll gewesen, Pläne zu machen, diese in Teiletappen zu gliedern und möglichst viel dafür zu tun, oder auch tun zu lassen, damit sie in Erfüllung gingen. Das macht mich zwingend zufrieden und stolz. Leider nicht nachhaltig und es erfordert immer weitere Ziele und Siege, um erneut zufrieden sein zu können. Das sind menschliche und ganz natürliche Wirkungsweisen.

Die Kunst besteht jedoch darin, zu fragen was des anderen ist. Die Trinität vom Vater, Sohn und heiligem Geist zeigt doch genau dieses Verhalten auf. Jesus wollte nicht das seine, sondern suchte immer das des Vaters.

War es in meiner Beziehung mit Anne nicht genau so? Früher war es mir wichtig zu wissen wie es ihr geht und was sie mochte und bewegte. Ich fragte sie direkt und konnte es oft auch schon in ihren Augen erkennen. Wir waren wie offene Bücher zueinander und es war uns stets wichtig, den anderen glücklich zu machen. Wie sagte mein Onkel einmal: „dem anderen zu seinem Recht zu verhelfen."

Nun verstand ich, was er damit sagen wollte. Wenn ich mich und meine Belange zurückstelle und das „Du" wichtiger wird als das „Ich", erst dann werden wir zu einer echten Einheit. Leider ist mir das in den letzten Jahren verloren gegangen. Mit zunehmendem Erfolgsdruck und dessen (ichzentrierten) Bestätigung, war ich der Meinung, dass meine Familie sich um mein Leben und dessen Anforderungen drehen müsse. „Geschäft geht vor." Das war der Satz, mit dem ich lange viel, ja sogar sehr viel rechtfertigte. Das ging sogar so weit, dass meine Familie überhaupt keine Chance mehr hatte. Ob ich nun länger arbeiten oder mich von der vielen Arbeit zerstreuen musste, alles konnte ich mit diesem Satz quasi „genehmigen."
Der Blick ging weg von meiner Familie und richtete sich immer stärker auf mich selbst. Schließlich musste ich leistungsfähig sein und bleiben und das gab mir Rechte.

Thomas sagte es, ich war der Macher in meinem Leben und teilte sowohl die Menschen, meine Familie und auch Gott darin ein.

Loslassen war nun der zentrale Punkt. Ohnmächtig werden ohne dabei schwach oder hilflos zu sein. Entscheidungen treffen, die nicht allein auf meinen Wünschen und rationellen Überlegungen gründen. Im Grunde war es ganz einfach:

Fragen was Gott möchte.

Das war die Lösung und auch der Wendepunkt. Nicht erneut (m)einen Plan machen, sondern mich zurück nehmen und in meinem Herzen auf seine Stimme hören. Spüren was Gottes Geist mir zu sagen hat und darauf vertrauen, dass es genau das richtige sein würde, was immer auch kommen mag. Diese Angst, das Leben aus den Händen zu geben, in denen es ja im Grunde nie wirklich lag, war eine der schwersten Übungen in meinem Leben.

„Wenn es da jemanden gibt der mich gemacht hat und sogar jedes Haar von mir kennt, dann ist es auch wichtig zu wissen, was er mit den Menschen, aber vor allem mit mir vorhat", dachte ich und war entschlossener denn je.

Das konnte ich nur ergründen, wenn ich endlich begann, ihn zu fragen und nicht zu wissen glaube, was er möchte. Das war der Punkt: loslassen um zu leben.

Der berühmte Tarzansprung. Nach diesen Gedanken suchte ich zum ersten Mal eine echte Begegnung mit Jesus und überlegte, wem Jesus damals wie begegnete.

Ich erinnerte mich an eine Szene, wo er mit der Frau am Jakobsbrunnen sprach. Mit diesem ganz konkreten Bild wollte ich ihm nun auch begegnen und rief mir die Geschichte ins Gedächtnis.

Ein Jude pilgerte durch Samaria in Richtung Galiläa, mit nichts als was er am Körper trug.

⇨ *Reisen mit wenig Gepäck*

Er kam an einem Ort namens Sichar vorbei und machte unter einem schattigen Brunnen Rast. Es war ein bedeutender Brunnen, der vor Jahren vom gemeinsamen Stammvater Jakob erbaut wurde, als das Volk noch vereint war.

⇨ *Jesus befindet sich in der Geschichte*

Der Jude, müde von dem langen Weg, hat Durst und rastet aus einem ganz bestimmten Grund dort.

⇨ *Jesus war auch ganz Mensch*

Allerdings stand das Wasser im Brunnen viel zu tief, um es ohne Hilfsmittel herauf holen zu können. Es war niemand sonst da, denn es war um die Mittagszeit und die Menschen blieben lieber in ihren schattigen Häusern.

⇨ *= Wasser ermöglicht Leben körperlich wie geistig*

Dann kam eine Frau an den Brunnen, die ebenfalls Wasser holen wollte. Das war sehr ungewöhnlich, denn Wasser zu holen war etwas für Sklaven und nicht für anständige Frauen. Zudem war es sehr heiß, eine ungewöhnliche Zeit für den Brunnengang.

⇨ *Jesus wusste bereits um die kommende Begegnung*

Wieso kam sie gerade zu dieser Zeit an den Brunnen? Vermutlich wollte sie keine Begegnung mit anderen, denn sie war wirklich keine Vorzeigeperson und hatte in ihrem Leben schon einiges hinter sich.

⇨ *Jesus macht vor Sündern nicht halt*

Juden und Samaritaner waren seit der Reichsteilung König Salomos keine wirklichen Freunde mehr. Trotz der gemeinsamen Vergangenheit und dem Glauben an die Tora, spalteten sich die Völker in der weiteren Geschichte.

⇨ *Wir gründen alle in einem Schöpfer*

Der Kontakt eines Juden mit einer Frau und dann noch mit einer Samariterin war schon allein deshalb außergewöhnlich. Der Jude sprach sie zu ihrer eigenen Verwunderung sogar direkt an. Im Gespräch kam deutlich zum Ausdruck, dass er sie erkannte auch wenn er nicht einmal ihren Namen wusste und sie niemals zuvor gesehen hatte.

⇨ *Jesus sucht immer den direkten Kontakt*

Obwohl sie sich zuerst über ihn lustig zu machen schien, da er keinen Eimer hatte und sie ihn sogar mit dem Stammvater Jakob verglich, erkannte sie rasch, das dieser Mensch mehr als nur ein durstiger Wanderer sein musste.

⇨ *Jesus gibt sich uns zu erkennen*

Der Jude versprach, ihr ein anderes Wasser zu geben. Er sagte, dass das Wasser das er zu geben habe, nie wieder durstig mache.

⇨ *Wirklichen Frieden und Leben kann nur einer geben*

In ihrer Naivität und noch ohne die genaue Bedeutung zu erkennen, bat sie um dieses Wasser, damit ihr das lästige Wasserholen zukünftig erspart bliebe.

⇨ *Manchmal brauchen wir etwas länger*

Doch dann offenbarte sich Jesus vor ihr, indem er sie mit der Frage nach ihrem Mann provozierte. Er wusste wohl, dass sie nicht verheiratet war und auch um ihren regen Männerverschleiß. Aber er kritisierte sie nicht. Er fragte nur.

⇨ *Jesus klagt nicht an, er erlöst*

Das öffnete ihr die Augen. Wie konnte er davon wissen? Ein Fremder, der in dieser außergewöhnlichen Situation auch noch mit ihr, einer offensichtlichen Sünderin sprach.

⇨ *Jesus kennt uns ganz*

Der Jude erzählte davon, dass es eine Zeit geben wird, in der sie und damit gewissermaßen wir alle, den wahren Vater im Geist und Wahrheit anbeten werden.

⇨ *Es gibt nur einen Weg zu Gott*

Der Jude spricht über wahre Anbeter und davon, dass Gott Geist ist und solche sucht, die ihn im Geist und in Wahrheit anbeten. Unabhängig irgendeiner heiligen Stätte der Samaritaner oder der Juden.

⇨ *Das Heil sucht die Herzenshaltung frei von Dogmen und Leistung*

Sie wusste um die in der Tora enthaltenen Vorschattungen auf einen zukünftigen Messias. Dann öffnete sie ihr Herz und erzählte ihm, was ihr Volk, gleich wie sie selbst, aufs sehnlichste erwartete. Und sie glaubte daran, dass dieser Messias auch ihr alles verkündigen würde. Sie glaubte an den Retter.

⇨ *Vor Gott zählt nicht was du getan hast*

Mit den Worten: „Ich bin es...“, bestätigte er ihre Suche und offenbarte sich vor ihr. Ihre Suche war zu Ende und unabhängig ihres schlechten Lebenswandels, nahte sich ihr Gott selbst.

⇨ *Wer mich sucht der wird mich finden*

Die Frau war von seiner Präsenz so ergriffen, dass sie, trotz aller Vorbehalte der Menschen ihr gegenüber, zurück in die Stadt ging und allen von ihrer Begegnung erzählen musste.

⇨ *Ein lebendiges Zeugnis*

Diese Gedanken erinnerten mich an eine Passage in der Bibel, als Gott zu Mose sagte: „*Ich bin der ich bin.*“ Auch da gab sich Gott einem Menschen zu erkennen. Möchte er das nicht auch bei jedem anderen? Sich zu erkennen geben?

Es ist genau dieses Erkennen von Gott, was mir schon immer eine Gänsehaut bereitete. Die Frau konnte vor Jesus nichts verheimlichen, er wusste schon lange, wer und vor allem was sie war. Er kannte ihre ganze unselige Vergangenheit und wusste um ihre vielen Männer, aber auch von ihrem Verlangen nach dem Frieden, den nur einer geben kann. Trotz dieses unguten Lebenswandels nahte sich ihr Gott, wie selten einem anderen Menschen zuvor und das veränderte ihr ganzes Leben.

Dieses Beispiel verglich ich mit meinem aktuellen Leben. Gott würde es auch heute noch völlig gleich sein, wer ich bin und was ich getan oder gelassen habe. Ihm ging es bei der Frau am Brunnen nicht darum, welche Verfehlungen sie in ihrem Leben begangen hat. Oder wie viele Männer und welche Stellung sie in der Gemeinde hatte. Ihm ging es um ihre Herzenshaltung.

Das war es, genau so eine Begegnung wünschte ich mir auch. Eine Begegnung mit meinem Gott, ganz persönlich und privat. Mit dem Gott, den ich bislang so verzweifelt suchte und doch nie fand. Den ich oftmals hinten an stellte, da weltliche Dinge für mich im Fokus waren. Den ich vor Menschen so oft verleugnete, nur um nicht in eine sinnlose Diskussion gezogen zu werden. Den Gott, den ich sonntags suchte und unter der Woche nur in brenzligen oder seelisch schweren Zeiten zuließ. Wenn dieser Gott auch mich durch und durch kennt und mich dennoch lieb hat, dann bräuchte ich ihm, und damit auch mir, nichts mehr vormachen.

Jetzt erkannte ich, dass ich gar nicht so weit von der Frau aus Sichar entfernt war. Auch wenn man ihren Lebenswandel nicht mit meinem vergleichen konnte. Wer bemisst schon die Stärke der Schuld und deren Wert? Aber diese Frau hatte etwas in ihrem Herzen, was viele andere Menschen heute noch nicht haben.

Es war die tiefe Sehnsucht nach dem Messias, von dem sie bislang nur hörte. Auch wenn sie menschlich gesehen schwach und sündig war, so brannte in ihr dieser Wunsch und der Glaube an ihn der die Wahrheit kennt. Das war auch der Grund, warum er ihr in der beschriebenen Weise begegnete. Sie suchte und er gab sich ihr zu erkennen.

Ich wollte endlich auch eine reale Begegnung mit diesem Jesus! Wollte über das: „ich glaube an Gott", hinaus. Dieses Verlangen erinnerte mich an die vielen vergeblichen Versuche der Vergangenheit, mit Gott in Kontakt zu treten. Meist war das zwischen zwei Projekten oder ein kurzer Moment sonntags in der Gemeinde, bevor die Predigt losging. Da erlaubte ich es Gott, zu mir zu sprechen und manchmal schrieb ich ihm auch noch vor, was er zu tun oder zu lassen hatte. Ich hatte Erwartungen die er erfüllen musste. Doch er sprach oft nicht. Jetzt erinnerte ich mich auch an meine heimlichen Zweifel, die ich nach solchen Fehlversuchen spürte.

Was sagte die Frau am Brunnen: „ich weiß, dass der Messias kommt, welcher Christus genannt wird; wenn er kommt, wird er uns alles verkündigen." Das zeugt von einem wahren tiefen Glauben. Wie tief war mein Glaube an diesen Erlöser? Es gab nur einen Weg. Ich musste Christus, nein ich musste endlich Jesus Christus kennenlernen.

Alles was ich aus Predigten und in der Bibel über ihn las, half mir bislang nicht wirklich, mir ein Bild davon zu machen. Das Geheimnis von: „ganz Gott und ganz Mensch" in Verbindung mit der Dreieinigkeit, Vater, Sohn und Heiliger Geist, habe ich seither nicht lüften können. Das machte es für mich eher mysteriös und war mir dann auch keine konkrete Hilfe, zumal ich oft nicht wusste, mit wem ich im Gebet eigentlich sprechen sollte. Ich brauchte, wie diese Frau auch, eine ganz persönliche Begegnung mit Gott.

Aber wie sollte ich das anstellen?

Ich erinnerte mich daran, was Thomas über Meditation sagte. Er riet mir, mich einmal pro Tag zurück zu nehmen und mich dabei ganz auf Gott einzulassen. Um ein Bild zu benutzen, sollte ich in der Erwartung, Jesus in meinen Gedanken zu treffen, täglich mindestens eine stille Zeit einplanen und mir einen Ort vorstellen, an dem nur er und ich wären und wir uns in diesem ganz geschützten Raum begegnen würden.

Thomas sagte: „dann wird die regelmäßige Begegnung mit Gott nicht nur zu einer Klagestunde, sondern zu einer Art Arbeitstreffen, das überraschend Kraft gibt und Dich glücklich machen wird."

Ich sollte mir einen schönen Ort vorstellen, an dem keinerlei Ablenkung, kein

Druck und auch keine Not herrschen. Vielleicht eine schöne Wiese mit einem großen und starken Baum unter dem ich saß oder ein Bachlauf der leicht rauschend an mir vorbei zog und an dem ich ihm begegnen könnte.

Wie dieses Bild aussieht sei nicht so wichtig, wie der Frieden und die Sicherheit die dieser Ort vermitteln soll. Eine Begegnungsstätte nur mit meinem Schöpfer und mir.

Dabei könnte ich ihm alles was mich so bewegt aber auch von ihm trennt, anvertrauen. Vielleicht könnte ich ihm ja auch die Probleme mit dem aktuellen Projekt oder die unklare Situation mit Anne und den Kindern hinlegen. Vielleicht hätte er ja einen Ausweg für meine Fragen und Probleme.

„An diesem Ort muss vollkommen Friede herrschen und es dürfen keine anderen Menschen da sein; es ist Dein Ort“, meinte er und fügte noch: „wenn Du das eine Woche lang übst, wirst Du erleben, wie sich Dir Jesus zeigt. Denn er wartet schon so lange auf Dich“, hinzu.

Entschlossen schaltete ich die Türklingel sowie mein Handy aus, legte den Telefonhörer beiseite, machte mir in unserem superbequemen Sessel einen kuscheligen Platz zurecht und versuchte meine Gedanken los zu lassen.

Zuerst war das gar nicht so einfach, denn es kamen sehr viele davon. Gedanken über den Tag, das anstehende Projekt und die heikle noch zu findende Lösung, Thomas und was er alles sagte. Je länger ich mit geschlossenen Augen da saß, kamen mir meine Eltern und sogar Großeltern, an die ich schon lange nicht mehr gedacht habe in den Sinn.

Es war ein regelrechter Gedankenstrom, den ich weder unterbrechen, noch festhalten konnte. Zu vergleichen mit einem Zug, der an einem vorüber saust. Ein Wagon nach dem anderen, vollgepackt mit immer neuen Themen und Problemen, raste an mir vorbei. Die Wagons könnten Aufschriften haben wie: Arbeit, Freiheit, Geld, Familie, Sex, Befriedigung, Ungerechtigkeit, Kinder, dabei fiel mir die Liste von heute Morgen wieder ein. So vieles war dabei ungeklärt. Aber auch Wagons mit diversen Filmen, aus denen einzelne Szenen aufpoppten, jüngst geführte Gespräche und allerhand Begebenheiten fuhren an mir vorbei. Das ging Schlag auf Schlag und mein Kopf drohte anhand der vielen Dinge, die sich vor meinem geistigen Auge abspielten, zu platzen.

Das war es nun nicht was ich suchte. Ich wollte doch nicht mehr sondern eher weniger Probleme vor Augen geführt bekommen. Doch vielleicht drückte dieser Gedankensturm auch nur aus, was mich inwendig noch so beschäftigte und in Unfrieden brachte. Vieles konnte ich sonst einfach so wegschieben oder mit etwas vermeintlich Wichtigerem übertönen. Das gelang mir schon allein dadurch, dass ich abends den Fernseher einschaltete. Dann blieben viele der unverarbeiteten Dinge einfach zurück. Das war sicher keine Lösung, sondern mehr eine Brücke.

Aber heute war kein Tag, mich mit diesen Dingen zu beschäftigen es war auch kein Tag sie wieder weg zu drängen. Ich wollte sie nicht übertönen, sondern loslassen. Das war der Weg! Nicht noch mehr Ablenkung von etwas, dass ich in dem Moment sowieso nicht ändern konnte, sondern es als vorübergehend anzunehmen.

Sich mit Dingen zu beschäftigen, die man in der aktuellen Situation nicht ändern kann, ist sowieso eine vergebliche Mühe, wie ich immer meinen Mitarbeitern klarzumachen versuchte. Sie sollten sich lieber an die Dinge halten, die tatsächlich anstünden und lösbar sind. Das ist so, als ob man sich Sorgen um das Morgen macht, ohne den heutigen Tag und seine Herausforderungen zu sehen. Meine jetzige Herausforderung war eine Begegnung mit Jesus und sonst nichts.

Nach einiger Zeit bemerkte ich, wie all die Gedankenwagons ganz von selbst einfach weiter zogen. Wie von Geisterhand kamen sie, ich erkannte sie und konnte sie einfach vorüberziehen lassen. Musste dabei nichts ergründen oder taxieren. Sie waren einfach nur kurz da und wieder fort. Bedeutungslos vor allem aber anforderungslos, das war das Besondere dabei.

Das ging so eine ganze Weile, bis es immer weniger wurden und sich ein befreiendes Gefühl einstellte. Je weniger Wagons kamen, desto leichter fühlte ich mich.

Als es nur noch vereinzelte und immer kürzer werdende Gedankenblitze waren, kam irgendwann einmal - nichts mehr. Ein sonderbares Gefühl der Leichtigkeit stellte sich daraufhin ein. Das war keine Leere und auch keine mir aus den Händen gleitende Situation, die ich ja nie erleben wollte. Ich war voll da und mir meines Zustandes bewusst. Nicht in Trance, auf geistlichen Abwegen oder halbschlafend. Es war einfach nur leicht; die Leichtigkeit des Seins vielleicht. Selten zuvor war ich so befreit in meinem Kopf.

Ich begann nachzuspüren. Der Zustand an nichts denken zu müssen und sich auch um nichts zu kümmern, oder für etwas verantwortlich sein zu müssen, die Tatsache, einfach nur sein zu dürfen, hob meine Stimmung. Wie von selbst schienen sich meine Mundwinkel zu verbreitern und ich verspürte ein leichtes Grinsen auf meinem Gesicht, ohne es zu sehen. Alle meine Gesichtsmuskeln schienen sich zu entspannen.

Ein tiefer Friede. Eine Art Meditation oder vielmehr eine Negation. Ich las bereits darüber, ein Zustand in dem man nichts mehr denkt. Dabei war ich der Meinung, dass so etwas überhaupt nicht möglich ist. Aber ich spürte es jetzt selbst. Diese Gedankenlosigkeit, die mich irgendwie doch ausfüllte und tatsächlich glücklich machte. Es war einfach ein Nichts. Ein unbekannter und freier, ganz weiter Raum, kam auf mich zu. Ein Ort mit einer friedlichen Stille, den ich gedanklich sogar betreten konnte.

In diesem Raum war keine Welt, keine Verpflichtung und keine Schuld, keine

Erwartungen und keine Anschuldigungen. Auch kein Selbstzweifel oder Eigenfreude. Da war wirklich nichts. Das ging eine ganze Weile so. Schwer auszuhalten und völlig ungewohnt suchte ich sogar nach Gedanken, doch die waren nicht vorhanden.

Langsam, zuerst schemenhaft, dann immer deutlicher, sah ich nun meinen Geist genau an diesem Jakobsbrunnen wieder. Und dann war neben mir noch etwas anderes. Ich konnte es nicht wirklich erkennen, nur wahrnehmen.

Inmitten von diesem Nichts war da noch etwas anderes. Zuerst ganz leise und sanft, doch dann immer realer werdend, wurde es vernehmbar. Nicht laut, eher zart. Nicht grell, sondern mild. Nicht stark sondern sanft, als ob jemand mit einer Feder leicht über die Haut streicht und sich daraufhin eine spürbare Reaktion einstellt. Obwohl es so filigran war, nahm ich es als sehr präsent wahr. Es war keine Stimmung und auch kein bloßes Gefühl des Glücks oder der Zufriedenheit.

Es war ganz anders.

Eine Liebe schien mich zu umspülen die mir sagte, dass nun alles gut sei. Der Moment in dem ich mich befand war gewollt und lang ersehnt. Nichts bringen oder leisten, nur diese tiefe zustimmende Liebe zu meinem Selbst, annehmen. Es war als ob jemand ganz stolz auf mich war und ich das in genau diesem Moment spüren konnte. Dieser Jemand oder Etwas, vermittelte mir dabei das Bewusstsein:

„Du bist mein geliebtes Kind.“

Mehr nicht, nur immer wieder dieser Gedanke, der mich zur inneren Ruhe und tiefen Frieden führte und mein ganzes Herz auszufüllen schien. Nichts war mehr wichtig, alles war gut und in Ordnung.

Da waren keine Erwartungen dieser Liebe an mich und das brachte mich innerlich vom Weinen zum Strahlen. Ich fühlte mich wie auf meines Vaters Schoß, beschützt, behütet, geliebt und getragen. Obwohl ich das bei meinem leiblichen Vater niemals erlebt, jedoch oft ersehnt hatte, spürte ich nun genau das.

Mir wurde bewusst, dass nichts und niemand diese Liebe verhindern oder trüben könnte, was auch passieren würde.

Ich nahm sogar eine Art göttliches Licht in mir wahr, das in meinem Herzen zu brennen begann. Zuerst war dieses Licht ganz klein, vielleicht trüb, doch mit der Zeit wurde es immer heller und strahlender. Es war einfach nur schön, in diesem Licht zu sein. Dieses Licht vermochte alles zu heilen und zu reinigen. Nichts konnte davor bestehen. Dieses Licht war stärker als alle Dunkelheit. Die Dunkelheit empfand ich für das Synonym für meine Probleme während das Licht einen reinigenden Charakter darstellte. Kein Fehl, keine Sorgen oder jedwede Art von Angst konnte davor bestehen. Nein, keine Angst mehr. Ich hatte zum ersten Mal seit langem keine Angst mehr, vor nichts und niemandem.

Ein phantastisch überwältigender, sorgenfreier Zustand breitete sich in meinem Herzen aus. Dieses Licht vermochte das Gute hervor zu bringen. Alle Widrigkeiten verblassten und es war viel Raum für diese mir völlig unbekannte Liebe vorhanden.

Das war mit nichts zu vergleichen was ich je auf der Welt als Hoch- oder Glücksgefühl, von denen ich wahrlich einige hatte, empfunden hatte. Es war völlig anders. Eine unverdiente Liebe und das machte sie so wertvoll. Nach und nach wurden mir manche Dinge bewusst, über die ich mir sonst nur wenig Gedanken machte.

Wenn Gott für mich handfestem Sünder so viel Liebe bereit hatte, wie sehr würde er dann all die anderen Menschen lieben. Mir wurde schlagartig bewusst, dass die, welche ich innerlich oft verachtete oder mich über sie erhob und abfällig äußerte ebenso diese Liebe verdienten. Für diesen Liebenden bestand da kein Unterschied. Er würde alle Menschen gleichermaßen lieben.

Das beschämte mich und ich erkannte darin die Versuchungen des Bösen und die Heimtücke weltlicher Regeln. Dieses ständige abwägen und taxieren, behaupten und überheben. Die Welt möchte uns in dem Zustand des: „nicht genügen“, belassen. Sie sagt uns, dass wir für alles immer weiter kämpfen, bestehen und wenn möglich noch mehr leisten müssen.

Und wir sind sogar so borniert und bemessen mit der Zeit unseren Wert wie auch unsere Angst nach deren Maßstäben. Was ist „in“ und was ist der Wert? Die Mode macht es vor, das Salär zeigt den humanistischen Wert eines Menschen und der Neid der anderen bestätigt den Weg. Doch für Gott genügen wir so wie wir sind, das war die Grundaussage dieses Lichtes, dass ich nun selbst in meinem Herzen spürte.

„Liebe deinen Nächsten wie dich selbst“, sagte Jesus vor zweitausend Jahren, das war eines seiner obersten Gebote. Darin lag schon ein Großteil der Heilsgeschichte verborgen.

Mir fiel dazu ein Zitat vom heiligen Augustinus ein, der ebenfalls schon vor sehr langer Zeit sagte: „Liebe und dann tue was du willst.“

Alles dreht sich um die Liebe. Das ist der zentrale Punkt bereits seit tausenden von Jahren. Leider habe ich in meiner Welt diese Liebe durch den Leistungs- und Entlohnungsgedanken vollkommen aus den Augen verloren. Auch bei meinen Kindern habe ich versucht, ihre Lernbereitschaft dadurch zu steigern. Für eine Eins bekamen sie etwas und für eine Zwei natürlich weniger. Diese leistungsbezogenen Verbindungen finden wir überall auf der Welt.

Die Menschen haben in der Zeit des Tauschhandels begonnen, alles in einen handelbaren Wert zu taxieren. Heute ist für alles ein Geldwert hinterlegt. Arbeit hat seinen Wert, Dinge haben ihren Wert, Dienstleistungen und Zeit hat ihren Wert.

Wir können in der Welt so ziemlich gar nichts mehr ohne Geld handeln. Sogar die Versorgung unserer Alten hat seinen genau in Minuten untergliederten knappen Zeit- und hohen Geldwert.

Wenn wir mehr aus Liebe und nicht aus Gewinnsucht handeln würden, dann würden wir zuerst nach dem Anderen und dann erst nach uns schauen. Das nähme uns die Angst vor allen Unzulänglichkeiten und Gottes Liebe könnte durch uns nach außen strahlen. Das gäbe den Menschen die Möglichkeit, ebenso ihre Angst vor dem Feind und allen Anfechtungen des Lebens zu verlieren. Gott würde durch uns wirken. Was für eine phantastische Vorstellung.

Mit welcher Motivation verrichten wir zum Beispiel unsere Arbeit? Ist es eine Last, nur um am Monatsende eine Entlohnung zu erhalten oder haben wir Spaß an dem was wir tun? Mit dem Arbeitsvertrag schulden wir nicht nur unserer Firma sondern auch uns und Gott eine ausgezeichnete Leistung und die Begeisterung, es nicht nur für uns zu tun. Da Gott in allem ist was wir tun, 24 Stunden am Tag, können wir nicht nur im Gottesdienst ein erlöster Mensch sein, sondern müssen dies auch bis in unsere tägliche Tätigkeiten hineintragen.

Dies verändert die Art mit der wir etwas tun und die Sicht auf Dinge. Ganz praktisch habe ich Spaß an meiner Arbeit und ich mache sie gern. Es macht mir Freude, Lösungen zu finden und Pläne zu erarbeiten, zum Nutzen der Firma und der Menschen die dort arbeiten. Aus Gottes Sicht jedoch muss ich jedwede Entscheidung auch mit meinem Gewissen, dass ich morgens nicht an der Stempeluhr ablege, prüfen und mutig Entscheidungen oder Vorgaben in Frage stellen, die nicht mit den Gesetzen weltlicher wie himmlischer Art, zusammen passen. Ja, ich würde meinem Vorgesetzten genau das mitteilen. Würde ihm sagen, dass mir die Arbeit sehr viel Spaß macht und ich die optimalste Lösung für unser Projekt finden würde, im Rahmen der gesetzlichen Vorgaben. Ich würde, entgegen der Erwartungen meines Chefs, die Gesetze nicht zu Gunsten der Gewinnmaximierung brechen.

Nachdem in mir dieser Entschluss fest stand, empfand ich sogleich einen unerwarteten Frieden darüber. Eine Herzenslast schien abzufallen. Komisch, dass mich dieses Problem unterschwellig so sehr belastete und ich jetzt so erleichtert bin.

Mir fiel die Geschichte eines Freundes ein, der zu seinem Geburtstag eingeladen hatte. Er sagte zu jedem Gast: *„bring so viel zu essen mit, dass es für dich und deinen Nebenmann reicht.“* Wen wundert es, dass es überreichlich viel zu essen gab. Genau das war das Geberprinzip. Erkennen, dass geben seliger als nehmen ist und wir zuerst nach dem Recht des Anderen trachten müssen, dann würde Gott nach uns schauen. Diese phänomenale Vorgehensweise funktioniert jedoch erst, wenn wir unser Ich, aber vor allem falsche Wertmaßstäbe loslassen, wenn wir nicht mehr gezwungen sind, selbst nach unserem Recht zu sehen, sondern wenn es da jemand gäbe, dem dies überaus wichtig wäre.

Der Satz: *„Du bist mein geliebtes Kind“*, schwang immer noch in meinem Kopf. Erst langsam wurde ich mir dieser Bedeutung bewusst. Ein gewolltes und geliebtes Kind des Allerhöchsten zu sein war ein Vorrecht. Ja, ein Kind des Höchsten, des Königs aller Könige, was für eine praktische Bedeutung hatte dies in meinem bisherigen Leben? Sahen die Menschen dies oder eher nicht?

Ich wollte der Frage nicht mehr ausweichen und mein Ding machen, sondern mir endlich bewusst werden, was das für mich und mein Leben bedeutet. Ein Kind des Königs, egal wo ich mich auch befände. Bei der Arbeit, Freunden, Familie, in einer Sitzung vor meinem Computer, während einer Auseinandersetzung mit einem Menschen, immer. Nicht nur Sonntagmorgens. Mancher könnte dies als Bürde verstehen oder meinen, dass da jemand über einem wacht, quasi überwacht. Doch so empfand ich es überhaupt nicht. Im Gegenteil, bot es doch eine ganz neue Freiheit meines Lebens.

Eine Königskindschaft in dieser göttlichen Verbindung musste etwas völlig anderes sein, als das man es mit weltlichen Maßstäben hätte bemessen können. Das war seither ständig mein Problem gewesen, ich versuchte Gottes Liebe zu oft zu verweltlichen. Das konnte nicht gut gehen. Allein die Vorstellung, dass Gott Menschen nach seinem Bild geschaffen hat, machte mir oft zu schaffen. Dabei hat Gott den Menschen mit ganz phantastischen Fähigkeiten ausgestattet.

Er kann denken, entscheiden, planen, schaffen, ja sogar erschaffen. Der Mensch kann malen, singen, sich freuen und tanzen, schreibt ganz wunderbare Melodien und ist ein Meister der Umweltgestaltung. Er kann lieben und halten, füreinander sorgen und auch des anderen Lasten tragen. Er kann lachen und weinen. Ja, er muss irgendwie wie Gott sein.

Natürlich kann er das auch alles in negativer Hinsicht tun, doch gedacht war und ist das anders. Der Mensch hat die Aufgabe und dazu alle Fähigkeiten, sich die Welt Untertan zu machen und sorgsam über sie zu wachen, bekommen.

Eine aufrecht gelebte Verbindung zwischen Gott und dem Menschen würde allen weltlichen Abarten und Widerständen bestehen und genau diesen Auftrag nicht zur eigenen Gewinnsucht missbrauchen. Wenn allein sein Licht all meine Probleme verblassen lässt, wie viel mehr würde seine Liebe in mir aber vor allem durch mich bewirken?

Ich wollte diesen Zustand nicht mehr verlassen und versuchte krampfhaft daran fest zu halten, was mir jedoch nicht gelang. Als ich auf die Uhr schaute, waren bereits über zwei Stunden vergangen, seit ich mich in den Sessel gesetzt habe.

„So rasch vergeht die Zeit mit Gott“, dachte ich und spürte noch immer diese Leichtigkeit und eine ganz neue Zufriedenheit, die mir immer noch ein Lächeln aufs Gesicht zauberte.

„Es ist so einfach, bei Gott zu sein“, sagte ich laut vor mich hin und schüttelte dabei leicht meinen Kopf. Auf welchen Irrwegen ich mich doch befand. Das erinnerte mich an das freundliche Gesicht von Thomas, als ich ihn am Morgen in der Türe stehen sah. Das fiel so sehr auf, dass ich ihn darum beneidete. Jetzt erlebte ich selbst, woher dieser Zustand bei ihm kam. Nicht von eigenen Errungenschaften oder einem vermeintlich erfolgreichen Leben.

Er kam aus der tiefen Liebesbeziehung mit Gott und zeigte sich tatsächlich auf seinem Gesicht. Damit und mit seiner ganzen Art die Weltgeschehnisse und die bedeutende Liebesverbindung mit Gott zu sehen, wurde er zu einem „lesbaren Brief", wie Paulus zu sagen pflegte für andere und heute sogar für mich.

„Ein lesbarer Brief", das hörte sich früher für mich eher wie eine Art to do Liste über Gutmenschen an. Doch nun wurde mir bewusst, dass dem nicht so ist. Das, wovor ich immer Angst hatte, lähmte meinen Zugang zu Gott. Nur aus dem Grund, nicht so werden zu wollen wie andere, an denen ich diese selbsternannte Heiligkeit missfallend wahrnahm, verwehrte ich mir eine wirkliche Erfahrung mit dem Schöpfer.

Vater und Sohn. Schöpfer und Geschöpf. Niemals zuvor hatte ich das so deutlich erkannt und konnte dies nun auch bejahen. Es gibt in der Tat mehr als nur diese sichtbare Wirklichkeit. „Das Wesentliche ist eben für die Augen doch unsichtbar"… (der kleine Prinz).

Mit der einfachen Zustimmung, nur durch Loslassen aller falsch angenommenen Vorstellungen und falschen Wertmaßstäben kam Gott nicht in mich, sondern ich konnte ihn dadurch endlich in mir wahrnehmen.

Es ist, wie mein Onkel sagte:

„die Frage ist nicht wo Gott ist, sondern wo Du bist."

Auch Thomas hatte mir heute so etwas Ähnliches gesagt und mir wurde bewusst, dass es in der Tat ich selbst war, der auf eigenen Wegen versuchte, das Beste und Meiste vom Leben zu erringen. Sicher für meine Familie, aber auch für mich selbst, um mich dadurch zu definieren und bestätigen. Es war im Grunde mein Ego, dass ich zu befriedigen suchte. Ich war so sehr damit beschäftigt, dass ich den Schöpfer in mir nicht mehr wahrnahm.

Das machte mich so rastlos und hinderte mich, ja verwehrte mir regelrecht den Zugang zu Gott. Dabei ist es Gott, der alles Zerbrochene in mir heilen möchte. Mir fiel es wie Schuppen von den Augen. Mein Netz aus Selbstbestätigung und Ablenkung, all die kleinen und größeren Errungenschaften, auf die ich insgeheim so stolz war, lenkten mich tatsächlich vom Wesentlichen ab.

Im Glauben, durch Leistung Bestätigung und Frieden zu bekommen, entfernte ich mich langsam aber sicher immer weiter von der Hauptsache. Ein Pastor sagte einmal in einer Predigt, dass wir aufpassen müssten, dass die Hauptsache auch immer die Hauptsache bleibt.

Diese Hauptsache hatte ich längst aus den Augen verloren.

Sie heißt Jesus Christus.

Jesus war es, der die Brücke zum Vater frei machte. Durch seinen Tod ebnete er für mich und für jeden anderen auf dieser Erde, den Weg zur Dreieinigkeit der perfektesten Liebesbeziehung des ganzen Universums. Vater, Sohn und Heiliger Geist und ich durfte mich nun genau in dieser Mitte sehen. Alles Weltliche verlor darin seine Wertigkeit.

Ja, ich wollte auch so ein lesbarer Brief Christi werden und nahm mir erst mal vor, mir nichts vor zu nehmen. Außer in Zukunft mehr Zeit mit meinem Schöpfer zu verbringen. Nicht nur in einer stillen Stunde, nein vielmehr bei allem was ich von nun an tun würde.

Dabei stieg in mir die Gewissheit auf, dass er mich genau in das führen und leiten würde, was er auch für mich und mein Leben vorgesehen hatte. Ja, ich wollte jedwede Entscheidung nur noch mit ihm treffen und mich nicht mehr ohne ihn wissen wollen. Erneut schloss ich meine Augen, faltete die Hände und begann zu beten und seit langem wieder zu danken. Ich dankte dafür, dass er mich nicht vergessen hatte, dafür, dass er mir Thomas nach so langer Zeit vorbei schickte, dafür, dass er mir Anne, Marc und Robin anvertraute und auch dafür, dass ich in der Arbeit eine so verantwortliche Stelle hatte. Ich dankte für die Erkenntnis, die er mir in mein Herz legte und dafür, Geist Gottes in meinem Herzen spüren zu können. Ich dankte für seine unendliche tiefe und allumfassende Liebe für mich und jeden auf dieser Erde und dafür, dass ich nun ganz bewusst ein Teil dieser Liebe sein durfte.

Der Abend nahte und ich war entschlossen demnächst mein Erlebnis mit Anne und meiner Familie zu teilen. Vielleicht würde ich nicht gleich mit meinen Söhnen darüber sprechen, doch auch sie sollten diese neue brennende Liebe in mir spüren.

Es klingelte. Als ich öffnete stand unverhofft Anne mit den Kindern vor der Tür. Überrascht fragte ich sie, warum sie denn schon wieder hier wäre. Sie antwortete, dass etwas in ihr sie gedrängt hätte, umgehend zurück zu fahren. Dieser Gedanke war so stark, dass sie die Kinder packen und zu mir hatte fahren müssen.

„Es war wie ein innerer Ruf“, sagte sie.

Ich lächelte und dachte, dass Gott einfach nur gut ist.

„Aber was ist denn passiert, Du stahlst ja über beide Ohren?“ fragte sie mich erstaunt, da ich sie wohl schon lange nicht mehr so angesehen hatte.

Während ich sie herein führte, sagte ich ihr, dass wir unbedingt ganz viele gelbe Punkte kaufen müssten.

Dann begann ich von dem Tag und meiner Begegnung mit Thomas und Gott zu erzählen…

Über den Autor

Jürgen Schwarz, geboren 1966 in Kirchheim unter Teck, arbeitete nach seiner handwerklichen Ausbildung und kaufmännischen Weiterbildung in unterschiedlichen Branchen. Unter anderem führte er eine Spedition, leitete die Niederlassung eines Expressdienstes und war zuletzt im Vertrieb einer Fahrzeugvermietung für Süddeutschland tätig.

Bereits in jungen Jahren verlor er bei einem Autounfall seine erste Frau und lernte, nach vielen Jahren der Selbstorientierung, seine heutige Frau Anke kennen. Zusammen leben sie glücklich in Kirchheim unter Teck.

Das einschneidende Ereignis einer todbringenden Erkrankung veränderte komplett sein Leben. Nach Phasen des Zweifelns, Suchens und über 2.000 gepilgerten Kilometern wurde er Christ. Um mehr über Jesus zu erfahren, besuchte er Vorlesungen einer Bibelschule, absolvierte eine Jüngerschaftsschule und verbrachte einige Monate in einem Franziskanerkloster in England. Hier fand ihn Gott und er begann zu schreiben.

Neben den wertvollen Zeiten mit Jesus und seiner Frau ist er seit seiner Jugend ein begeisterter Motorradfahrer und dies auch geblieben.

Bislang hat er mehrere Bücher, die sich mit christlichem Leben befassen, erstellt. Darunter finden sich ein biographischer Roman, diverse Kurzgeschichten und theologische Sachbücher.

Sonntagmorgen
Richtungswechsel
Begegnungen
Erste Liebe
Thomas kommt

Printed by Books on Demand GmbH, Norderstedt / Germany